SOBRE A CONVERSAÇÃO

André Morellet

•

SOBRE A CONVERSAÇÃO
Seguido de um ensaio de Jonathan Swift

Prefácio
Chantal Thomas

Tradução
Maria Ermantina Galvão

Martins Fontes
São Paulo 2002

Título do original: *DE LA CONVERSATION*.
Copyright © Éditions Rivages, 1996.
Copyright © 2002, Livraria Martins Fontes Editora Ltda.,
São Paulo, para a presente edição.

1ª edição
outubro de 2002

Tradução
MARIA ERMANTINA GALVÃO

Revisão gráfica
Maria Fernanda Alvares
Ivete Batista dos Santos
Produção gráfica
Geraldo Alves
Paginação/Fotolitos
Studio 3 Desenvolvimento Editorial

Dados Internacionais de Catalogação na Publicação (CIP)
(Câmara Brasileira do Livro, SP, Brasil)

Morellet, André, 1727-1819.
 Sobre a conversação : seguido de um ensaio de Jonathan Swift /
André Morellet ; prefácio Chantal Thomas ; tradução Maria Ermantina Galvão. – São Paulo : Martins Fontes, 2002. – (Breves encontros)

 Título original: De la conversation.
 ISBN 85-336-1674-0

 1. Conversação 2. Geoffrin, Marie-Thérèse Rodet, 1699-1777
I. Swift, Jonathan, 1667-1745. II. Thomas, Chantal. III. Título. IV. Série.

02-5234   CDD-840
Índices para catálogo sistemático:
1. Literatura francesa   840

Todos os direitos desta edição reservados à
Livraria Martins Fontes Editora Ltda.
Rua Conselheiro Ramalho, 330/340 01325-000 São Paulo SP Brasil
Tel. (11) 3241.3677 Fax (11) 3105.6867
e-mail: info@martinsfontes.com.br http://www.martinsfontes.com.br

Prefácio
Do salão ao sabá

Jonathan Swift (1667-1745) era, no mais alto grau, um ser do diálogo, da fala viva, dos jogos de linguagem e de improvisação oral, do escrito dirigido. "Quando leio um livro", observa ele, "interessante ou não, parece-me que está vivo e que me fala."[1] Assim também, quando ele escreve, o outro – que deve ser convencido, instruído, a quem se deve fazer rir ou sonhar – está sempre presente em seu pensamento. É por isso que, antes de ser conhecido como o autor de *Viagens de Gulliver* (1726), Swift já é célebre junto de um amplo público inglês enquanto panfletário político,

1. Jonathan Swift, *Œuvres*. Edição apresentada, estabelecida e anotada por Émile Pons, Paris, Éditions Gallimard, "Bibliothèque de la Pléiade", 1965, p. 591.

escritor cômico (sob o pseudônimo de Bickerstaff), jornalista: por uns tempos, nos anos 1710-1711, é redator do *Examiner*, semanário *tory*. Suas breves *Sugestões para um ensaio sobre a conversação* datam desse mesmo período, de sua vida londrina, da fase politicamente ativa, participante e mundana de sua existência – quando reside em Londres, convivendo com os amigos Alexander Pope, Thomas Parnell, John Arbuthnot (médico da rainha) e John Gay (dramaturgo do *Beggar's Opera*). Em Londres, ou no castelo de Windsor, freqüentando a Corte, que é para ele um espaço de observação política e psicológica. Homem de poder (por todo o tempo em que domina o partido dos *tories*), Swift, contudo, não tem a alma cortesã; vai à Corte como iria ao café e julga a hierarquia de suas visitas de uma maneira inteiramente pessoal: "Hoje, todas as minhas visitas matinais foram feitas no sentido da subida. Primeiro vi o Duque de Ormonde ao pé da escada, e o felicitei por ter sido nomeado general-chefe em Flandres, depois galguei dois andares e fiz sala à duquesa, depois subi mais dois andares e fiz uma visita a Lady Betty. Depois disso só me faltava subir à mansarda. Convidei a arrumadeira para ir lá passar uma meia hora comigo. Mas ela era jovem e bonita e não quis."[2]

Irlandês, pastor anglicano, Swift é nomeado deão da catedral de St. Patrick, em Dublin, em 1713. Em contraste com a diversidade de sua vida inglesa, essa nomeação, depois do triunfo do partido dos *whigs*, é para Swift sinônimo de desgraça; é um exílio que ficará mais desolador, a partir de 1728, com a morte de sua companheira, Stella, para quem fez este elogio fúnebre: "Jamais, numa reunião social, ela estava distraída; jamais vos cortava a palavra... Diante de seus próprios íntimos, evitava falar demais. Pouco se interessava pelas tagarelices habituais das mulheres: as bisbilhotices, os vitupérios, a difamação lhe eram alheios. Era arriscado e imprudente dizer diante dela algo que ofendesse a decência..." (*Sobre a morte de Mrs. Johnson*, janeiro de 1728.)

2. *Ibid.*, pp. 777-8.

As qualidades de escuta e de cortesia possuídas pela mulher amada, ele as encontra pouco, infelizmente, em seu círculo ou, mais amplamente, entre seus contemporâneos. É impelido pela indignação, escreve ele em suas *Sugestões para um ensaio sobre a conversação*, que enumera, do modo despojado que lhe é próprio (Swift, como indica seu nome, é rápido), os defeitos que mais o exasperam e por causa dos quais a conversação não constitui o passatempo útil e delicioso, instrutivo e divertido, inocente e duradouro que poderia ser. O interesse constante de Swift pela conversação é crítico e combativo. É indissociável de seu gosto pela amizade e de seu amor pela língua inglesa. É com um mesmo ímpeto que tenta aperfeiçoar em seus leitores o sentido da conversação e a consciência de sua importância, e que multiplica os escritos e as tentativas para defender e garantir a excelência da língua inglesa, em especial mediante a formação, baseada no modelo francês, de uma Academia... Em suas *Resoluções para quando eu envelhecer*, escritas em sua juventude, Jonathan Swift anotava: "Não falar muito nem, sobretudo, de mim mesmo."[3] Por esse ideal, altruísta e lapidar, de uma conversação sem complacência nem prosápia, Swift se assemelha àquele, claro, rápido e burilado de seu estilo de escrita. Pois nele as preocupações do escritor e do falante vão de par.

Um pouco menos de um século mais tarde, em 1812, o Abade André Morellet, de humor mais nostálgico do que contundente[4], publica um *Essai sur la conversation* [Ensaio sobre a conversa-

---

3. *Ibid.*, p. 1307.

4. É interessante observar que é como homem da Igreja que o Abade Morellet julga o estilo do pastor Swift. Ele escreve, de fato, a respeito de sua tradução de um sermão de Swift (*Extrait du sermon prêché par le doyen Swift en Irlande, le jour de la commémoration de la mort de Charles 1er*, Paris, Delaunay Librairie, 1814): "Previno-os [os leitores], aliás, que, de acordo com a eloqüência sacra dos ingleses, não devem esperar movimentos oratórios."

ção][5], que retoma e desenvolve, um por um, os erros apontados por Swift, aos quais acrescenta outros verificados no decorrer de sua longa experiência dos salões. A lista assim ampliada denuncia como "principais vícios que estragam a conversação":

1º a desatenção;
2º o hábito de interromper e de falar vários ao mesmo tempo;
3º o afã exagerado de mostrar espírito;
4º o egoísmo;
5º o despotismo ou espírito de dominação;
6º o pedantismo;
7º a falta de continuidade na conversação;
8º o espírito de pilhéria;
9º o espírito de disputa;
10º a disputa;

---

5. Este foi publicado primeiramente no conjunto do volume intitulado *Éloges de Madame Geoffrin, contemporaine de Madame du Deffand, par MM. Morellet, Thomas et d'Alembert, suivis de lettres de Madame Geoffrin et à Madame Geoffrin, et d'un Essai sur la conversation, par M. Morellet*, Paris, Nicolle, 1812.

11º a conversação particular em substituição à conversação geral.

Morellet (1727-1819) também é, à sua maneira, um exilado; não no espaço, mas no tempo. Por suas convicções, aquele a quem chamavam "o teólogo da Enciclopédia" pertence acima de tudo ao Século das Luzes. Colaborador do empreendimento enciclopédico, aliado de Voltaire em sua contenda com o acadêmico Le Franc de Pompignan – o libelo que Morellet escreveu na ocasião valeu-lhe uma estada na Bastilha – e partidário da Revolução antes que se transformasse no Terror, vê na França de Napoleão o fim de uma liberdade intelectual e de discussões, o fracasso de uma fé no progresso e na humanidade. O ponto de vista de Swift sobre a conversação é o de um hedonista (e de um cínico) ressentido com a grosseria das pessoas: sendo o mundo o que é, ou seja, atroz, alguns serões agradáveis não são de desprezar... Morellet tem uma visão mais impessoal e mais educativa dos benefícios da conversação, arte coletiva cujo declínio (ou censura) parece-lhe um "crime de lesa-sociedade". Morellet situa-se na tradição, abundante nos séculos XVII e XVIII, das artes da conversação, pequenas coletâneas das faltas que devem ser evitadas e dos códigos que devem ser respeitados, relativos tanto às formas verbais quanto aos gestos e à expressão do rosto[6]. Como homem de letras, que desconfia da arrogância mundana e de um excesso de frivolidade, prega um ideal de equilíbrio, a felicidade de uma troca de réplicas em que cada qual se empenha igualmente em agradar e instruir. Um ideal que, mesmo sendo estudado, não deixa de ser musical. "A conversação francesa", escreve Marc Fumaroli, "é um espaço de jogo que torna possíveis os responsórios entre vozes aflautadas e vozes de baixo, e que faz do espírito seu ponto de acorde perfeito."[7] Para

6. Sobre este tema, ver o livro de Jean-Jacques Courtine e Claudine Haroche, *Histoire du visage, XVIe-début XIXe siècle*, Paris, Rivages/Histoire, 1988.

7. Marc Fumaroli, *Trois institutions littéraires*, Paris, Gallimard, "Folio/Histoire", 1994, p. 143.

Morellet, esse ideal não é um sonho inacessível, uma utopia, mas um paraíso perdido: o salão de Madame Geoffrin. Sua reflexão sobre a conversação se inspira em seus longos anos de convívio com a célebre anfitriã de salões e prolonga o retrato que ele lhe dedicou, no qual elogia o "humor dadivoso" da amiga, sua "forma de polidez amável e picante", sua "sabedoria tolerante e meiga". Pois a dona da casa, verdadeiro maestro, deve saber pensar o conjunto e tirar de cada um de seus convidados o máximo de seus talentos de orador, sem que sua vivacidade degenere em paixão, sem que o arrebatamento da afirmação chegue ao desacordo proclamado, ao monólogo exaltado. Por isso é delicada a linha a ser mantida de uma conversa animada que no entanto não caia na confusão nem no conflito. Assim como há um grau exato de embriaguez, há um bom ritmo de conversa, eufórico e instigante. Qualquer um que peque pelo silêncio é indesejável, mas aquele que incorre no defeito inverso não deve ser encorajado. Madame du Deffand escreve numa carta a Julie de Lespinasse, a propósito de Monsieur de Mâcon: "É um ótimo amigo, estou contente a mais não poder com ele, salvo com suas cóleras, que prejudicam muito a conversação."[8] Não se enervar, não se inflamar, pois então quem está falando, esquecido de seu estatuto de mero elemento numa composição que vai além dele, perde a cabeça e acumula de repente, em alguns rodeios de frases incontroladas, *todos* os defeitos de conversação possíveis. Já não tem consciência de seu auditório, exibe sem escrúpulos seu saber sobre o assunto, chega até o fim de seus argumentos. Possuído pelo espírito de disputa e de dominação, está pronto para pulverizar o primeiro imbecil que ouse contrariá-lo. Talvez só não se possa censurar-lhe o espírito de pilhéria e a mania de trocadilhos. E, ainda assim... neste ponto de delírio ele é capaz de tudo! (Imaginemos, por exemplo, Raskolnikov na casa de Madame du Deffand.) Ante o silêncio

8. *Correspondance complète de la marquise du Deffand*, editada por M. de Lescure, Genebra, Slatkine Reprints, 1971, t. I, p. 200.

que acolhe sua "invectiva", compreende o que lhe resta fazer*... Era para evitar tais inconvenientes que acontecia ao Abade Morellet e a alguns outros, apesar da afeição que tinham por Madame Geoffrin, fugir de seu salão:

"Depois de nossos jantares em sua casa, costumávamos ir às Tulherias, d'Alembert, Raynal, Helvétius, Galiani, Marmontel, Thomas, etc., para ali encontrar outros amigos, saber das novidades, criticar o governo, e filosofar completamente à vontade. Fazíamos um círculo, sentados ao lado de uma grande árvore na grande aléia, entregando-nos a uma conversação animada e livre como o ar que respirávamos."[9] Madame Geoffrin os perdoava, desde que se liberassem, fora de sua casa, daquele falatório incontrolado, daquele compor-

---

* Trocadilho intraduzível, em francês *sortie* tem o sentido de invectiva e de saída. (N. do T.)

9. *Mémoires de l'abbé Morellet sur le dix-huitième siècle et sur la Révolution*. Introdução e notas de Jean-Pierre Guicciardi, Paris, Mercure de France, 1988, p. 97.

tamento de selvagem. Sorrindo, ela qualificava aquelas reuniões de "sabás".

Ao inverso, e no auge da dissimulação bem temperada que consiste em sempre fundir-se na tonalidade ambiente, há, segundo o testemunho de Madame de Genlis, "a pequena artimanha" da Princesa de Lamballe, no círculo de Maria Antonieta: "Na conversação... quando se discutia seriamente, ela nunca falava, e fingia estar distraída e, de repente, parecendo sair de seu devaneio, repetia palavra por palavra, como suas, o que acabava de dizer a pessoa cuja opinião ela adotava..."[10]

O sucesso de um salão implica, por parte da anfitriã, que deve saber transmiti-lo a seus convivas, um senso da dosagem e da combinatória. Uma pessoa não é estimada apenas por suas virtudes pessoais, mas com relação à constelação móvel e regular formada pelos freqüentadores habituais

---

10. Madame de Genlis, *Mémoires sur le XVIIIe siècle et la Révolution française*, Paris, Ladvocat, 1825, t. II, p. 284.

de um salão. O Barão de Scheffer escreve a Madame du Deffand: "Muito vos felicito pela aquisição de Madame de Clermont em vossas ceias: encontrei-me em algumas reuniões sociais com ela, poucas mulheres pareceram-me mais amáveis em todos os aspectos."[11] Conversar é um desempenho que pressupõe, com a base comum de um código reconhecido, talentos variados. Espetáculo em que cada um é alternadamente ator e espectador, orador e ouvinte. Essa circularidade flexível, que deve, aliás, ao longo de uma mesma noitada, permitir uma passagem natural da parte conversada ao trecho cantado, à leitura de uma obra inédita, de uma carta, ou à dança... não se dá sem a mais estrita organização do tempo, ou ainda, tanto para a anfitriã do salão quanto para seus íntimos, sem a maior disponibilidade de tempo. Assim, segundo Morellet, Madame Geoffrin tinha dois dias: a segunda e a quarta-feira. A seu

---

11. *Correspondance complète de la marquise du Deffand, op. cit.*, t. I, p. 199.

jantar de segunda-feira eram convidados seus artistas preferidos, apreciadores da pintura, ricos colecionadores, mecenas, que ofereciam trabalho aos artistas. Ao passo que seu jantar de quarta-feira era para os literatos. Enfim, esclarece o Abade, Madame Geoffrin "oferecia também algumas ceias pouco numerosas na semana para mulheres agradáveis, e recebia à noite muitas pessoas de sociedade e do mais fino trato..."[12] O salão é de fato uma instituição, com o que isso implica de ritual e de cerimonial, de obrigações e de prazeres esperados, com seu brilho, com sua duração também.

Noite após noite, em lugares que declinam os mesmos modelos de elegância, com convidados que têm as mesmas referências, e desfiam o mesmo francês universal e fluente, tece-se um texto homogêneo, em que se encadeiam anedotas sutis e histórias divertidas, em que brilham a presença de espírito e as respostas prontas. As mulheres

---

12. Abade Morellet, *Mémoires, op. cit.*, p. 97.

são raras (sua presença tem o efeito nocivo de distrair os homens do objetivo socrático de Saber e de Verdade ao qual deve tender a conversação), mas é necessário ao menos uma: a anfitriã, que zela pela boa circulação das falas, mantém um tom de decência, e se empenha em que sempre saiam de sua casa igualmente satisfeitos com os outros e consigo mesmos. Pois não compete a um homem organizar um salão. Esse papel, maternal, é tradicionalmente feminino. O próprio espaço protegido e elitista no qual reina a anfitriã é apenas a substituição de outro espaço ainda mais protegido e elitista: a Corte. Mas, se no salão a regra é que todos participem da conversação, a etiqueta da Corte, ao contrário, exclui do movimento igualitário o rei ou a rainha, que são o seu centro. No artigo *Conversação*, pode-se ler na *Enciclopédia* de Diderot: "Denomina-se em geral *conversation* qualquer discurso mútuo, ao passo que se denomina *entretien** um discurso mútuo que gi-

---

* No francês, *entretien* abrange, entre outros, os sentidos de colóquio, palestra, conversa, discussão, entrevista. (N. do E.)

ra em torno de algum objeto determinado. *Entretien* ocorre de superior com inferior; não se diz que um súdito teve uma *conversation* com o rei, diz-se que teve um *entretien*."

A sociabilidade do salão e o refinamento de suas conversações repousam no reconhecimento explícito, ou implícito, da Corte como instância suprema que dita, como observa Nietzsche num parágrafo sobre Voltaire, a lei "da bela linguagem, por conseguinte, também do estilo, para todas as pessoas que escreviam"[13]. E Nietzsche prossegue com essa constatação de evidência, mas de conseqüências incalculáveis para a anarquia de nossos estilos tanto de falas como de escrita; ou seja, doravante "estamos todos libertos do gosto das Cortes..."

De qualquer modo, só existe perfeição passada. Swift já evocava com saudade a Corte do rei Jaime I da Inglaterra, nos anos em que, na França, floresceu o espírito do palacete de Rambouillet.

13. Nietzsche, *Le gai savoir*, traduzido do alemão por Alexandre Vialatte, Paris, Gallimard, "Folio", p. 140.

Para o Abade Morellet, como para toda a sociedade que passou pela Revolução, a conversação desapareceu com os salões parisienses do século XVIII, com as lendárias figuras das senhoras de Tencin, Du Deffand, Geoffrin, de Julie de Lespinasse... E o príncipe de Ligne, refugiado em Viena em sua velhice, onde procura em vão as festas de seu castelo de Belœil e os fastos de Versalhes, exclama: "Já não se conversa, já não se tem conversação, já não se sabe contar somente uma maldadezinha alegremente; mas sabe-se fazê-la..." E, mais adiante: "Quase já não vejo vontade de divertir-se: todos os espíritos são lentos; vários são pesados. Acredita-se nas impossibilidades."[14]

O tempo passado de uma arte de conversar ecoa ainda muito próximo de seus ouvidos, e em suas próprias frases. E para nós, agora? É dizer

14. Príncipe de Ligne, *Mémoires, lettres et pensées*. Prefácio de Chantal Thomas. Edição dirigida por Alexis Payne, Paris, Éditions François Bourin, 1990, pp. 701 e 719.

pouco que ela está perdida e que há muito nenhum eco chega até nós. Ela pertence a uma época mítica, não só com o mecanismo de substituição que ligava a instituição do salão ao prestígio das Cortes, mas também com a concepção da linguagem por ela implicada – a de uma linguagem-instrumento que o conversador deveria dominar e manejar como virtuose. Restar-nos-ia, como a única coisa de que ainda somos capazes, a lista dos erros enunciados por Swift e Morellet, nos quais todos nos reconhecemos, e que conseguimos enriquecer, com a ajuda de achados técnicos, com toda uma gama de comportamentos radicalmente destruidores da conversação (por exemplo, ligar a televisão durante o jantar, ensurdecer-se em companhia da música de um *walkman*, ou, graças ao telefone celular, telefonar ao longo de uma reunião de amigos ou íntima, como vejo fazer com freqüência, no terraço de um café ou no restaurante: o interlocutor, presente e anulado como tal, fica em silêncio, com os olhos no vazio, enquanto a seu lado prossegue um diálogo animado com um terceiro invisível...) Em condições tão negativas, quando, ao que parece, se atinge o grau zero da sociabilidade, terá sentido ainda se interrogar sobre uma arte da conversação? Sim, e talvez mais do que nunca, pois, embora já não exista arte da conversação, no sentido singular, conscientemente refletido e minuciosamente codificado do termo, partilhar a fala entre amigos, ou com desconhecidos, continua constituindo um dos momentos mais importantes da existência. E no teatro ou no cinema, artes profundamente dialógicas, impôs-se outro espírito da conversação, mais brutal, desagregador, inquietante, com outro uso dos silêncios pertencentes a uma musicalidade que nada mais tem a ver com a linha melódica de um Marivaux. Ao passo que, com o telefone, encontrou-se uma interação com o rosto e o corpo ausentes do outro: e, dessa falta, ou desse desejo, nasceu um modo de conversar sem precedentes, e que muitas vezes vale por si só, e não como substituto de uma conversação *de visu*... Há sempre artistas da fala, mesmo que já não tenham lugares fixos onde oficiar, nem, no limite, linguagem comum. Frases sem passado nem amanhã. Artistas nômades, que representam intermitentemente, ao sabor do encontro. Este já não ocorre entre freqüentadores de um mesmo salão, que aprimoram ano após ano, em suas ínfimas ramificações, em seus sutis subentendidos, a mesma frase impecável. Ocorre sob formas mais abertas ao acaso, ao imprevisto, ao estrangeiro. Mais sob o signo noturno do sabá do que à luz dos salões. O círculo dos trânsfugas do salão de Madame Geoffrin volta a se formar constantemente, ao sabor das afinidades, em lugares de passagem, de trânsito... entre viajantes, que não chegam precedidos de seus títulos, mas se cruzam, se falam, graças a uma cumplicidade, ou, ao inverso, no furor de um desacordo. E, mesmo quando, por ocasião de uma entrevista no rádio, ou de um *talk show* na televisão, parece haver um código estabelecido, quando o sabá é, na medida do possível, bem regulamentado, e, quando cada um toma cuidado com o lapso, o bloqueio de afasia, ou, para não embarcar numa digressão vergonhosa e irrecuperável, o diabo nunca está longe. O colóquio a todo momento corre o risco de tornar-se conversação, e essa irrupção de uma fala livre, esse sopro do desconhecido (que não age necessariamente sob a forma manifesta de uma declaração, porém mais seguramente na precipitação do ritmo, ou numa pausa longa demais entre duas palavras, ou ainda numa súbita distração...) retêm a atenção, fascinam. Nossas atuais conversações são articuladas a partir do exterior, da ruptura. Integram o mal-dito, o não-dito, a falta, não para neles se atolar, mas para convertê-los em trampolins. Para neles descobrir novas dinâmicas e novas forças. Todos nós perdemos o fio da meada, falamos demais, e sempre de nós mesmos, mesmo quando comentamos as notícias do mundo. Lançamo-nos nas frases como a pessoa se lança no vazio, apaixonados pela vertigem, cúmplices de uma espoliação, de uma embriaguez suicida, e de um restabelecimento imprevisto baseado numa idéia ou numa formulação com que somos os primeiros a nos surpreender...

Pode-se mesmo, invertendo a perspectiva purista (e sem esperança), segundo a qual uma conversação seria apreciada segundo a forma como as regras do bem-dizer e bem-ouvir nela são respeitadas, afirmar que é pela arte de sua transgressão que ela ganha vida. Do mesmo modo que as mais belas figuras da dança moderna nasceram de todos os erros excluídos do balé clássico, e mesmo – se pensamos, por exemplo, na gestualidade de Merce Cunningham, dolorosamente reduzida pela artrose – de limites físicos concretos.

Madame de Staël, moderna em sua maneira de tratar a fala "como arte liberal, que não tem nem objetivo nem resultado senão o prazer que nela encontramos"[15], vê no defeito de interromper o interlocutor, tão vigorosamente condenado por Swift e Morellet e por todas as regras da polidez, uma das superioridades da conversação

---

15. Germaine de Staël, *De l'Allemagne*. Cronologia e introdução de Simone Balayé, Paris, Garnier-Flammarion, 1968, t. I, p. 103.

francesa, sendo a sua ausência que ela lamenta na Alemanha: "Assim, o prazer de interromper, que deixa a discussão tão animada na França, e força a dizer tão depressa o que importa fazer ouvir, este prazer não pode existir na Alemanha, pois os começos de frases não significam nada sem o fim, cumpre deixar a cada um todo o espaço que lhe convém tomar; isso é melhor para o fundamento das coisas, é também mais civilizado, mas menos picante."[16] Pois na conversação, como na música, a lentidão é sinônimo de tristeza. É por isso que a repetição, o defeito de falar demasiado de si, a desatenção, a tendência à contradição, à discussão, à pilhéria... tudo isso pode, paradoxalmente, converter-se em trunfos, refletir-se em jogo, produzir um ritmo, ser a marca de uma singularidade, que rechaça o tédio e, em vez de extinguir o espírito de conversação, perpetua-lhe a febre, o encanto. Já não existe uma arte da conversação, mas uma profusão de práticas que,

16. *Ibid.*, p. 111.

quando bem-sucedidas, incluem e reinventam, cada uma à sua maneira, certo número de erros consagrados, mais ou menos exacerbados conforme a personalidade, a idade, a língua e o país de origem. Os artistas no assunto, continuadores de alguma tradição inscrita, improvisadores de talento, se reconhecem ao menos nisto: eles realizam, em seus momentos perfeitos, uma das virtudes capitais da conversação, que é seu poder de esquecimento e sua alegria, seu ímpeto, várias pessoas juntas, para além da muda opressão da infelicidade.

CHANTAL THOMAS

Abade André Morellet (Lyon, 1727 – Paris, 1819). Escritor e filósofo, colaborador da *Enciclopédia* (artigos sobre religião). É autor de *Mémoires sur le dix-huitième siècle et sur la Révolution* [Memórias sobre o século XVIII e sobre a Revolução], *Mélanges de littérature et de philosophie* [Miscelânea de literatura e de filosofia] e tradutor do *Traité des délits et des peines* [Tratado dos delitos e das penas], de Beccaria. Especialista em literatura inglesa, traduziu igualmente romances góticos ingleses, dentre os quais *Le moine* [O monge] de Mathew Gregory e *Le tombeau* [O túmulo] de Ann Radcliffe.

Nota à presente edição

O texto de Morellet foi publicado anteriormente na coletânea *A arte de conversar* da coleção Clássicos.

SOBRE A CONVERSAÇÃO

Encontramos nas obras de Swift um pequeno escrito com esse título, cujo objetivo é aperfeiçoar a arte da conversação: esse meio de prazer e de felicidade, diz o escritor inglês, tão útil, tão inocente, tão fácil para todos os homens, e tão conveniente para todas as idades e para todas as condições da vida, que negligenciamos, ou do qual abusamos com tanta leviandade.

Não se pode invocar maior autoridade nem escolher melhor guia do que um homem que passou a vida com Pope, Addison, Prior, Bolingbroke etc., e cuja conversação foi constantemente requestada por esses homens célebres.

É sobre suas pegadas que caminharei, executando à minha maneira o plano que ele apenas esboçou, e empregando algumas de suas observações que se juntarão naturalmente às minhas.

Começarei primeiro, com Swift, por estabelecer a importância do tema que empreendo tratar.

"Conquanto o objeto sobre o qual me proponho", diz ele, "reunir algumas reflexões apresente-se muito naturalmente ao espírito, acho que só foi tratado muito raramente, ou pelo menos muito superficialmente, e conheço muito poucos mais importantes a serem aprofundados e sobre os quais haja mais coisas a dizer."

Essa importância será sentida por todo homem que se dispuser a reconhecer a verdade desta observação: a maioria dos homens, e mesmo aqueles que deram o máximo de cultura ao seu espírito, deve grande parte de seus conhecimentos à conversação.

Entenda-se que não pretendo falar aqui das primeiras idéias e noções morais, sociais, literárias etc., transmitidas pela educação anteriormente ao uso que os homens fazem da conversação, embora talvez seja verdade dizer que elas em geral não passam de uma reunião de palavras ou de frases, às quais não se associou nenhuma idéia precisa, até que tenham sido debatidas e submetidas à prova da conversação.

Pretendo somente falar das opiniões que cada homem pôde debater consigo mesmo na idade da reflexão, e que acolheu e adotou nessa época, e creio que esse exame e essa adoção só ocorrem, na maior parte dos homens, por intermédio da conversação.

Poucas pessoas lêem, ou lêem com atenção suficiente, para tirar suas opiniões dos livros, e são esses leitores em pequeno número que transmitem suas idéias, por intermédio da conversação, a todo o resto da sociedade.

Pode-se combater o que digo da influência da conversação sobre as opiniões com a observação tão comum de que, das discussões que se levantam na sociedade, os dois contendores quase sempre saem com a mesma opinião que lhe haviam trazido.

Mas respondo que, apesar da dificuldade para persuadir aquele que está errado no debate ou na discussão, a influência da conversação sobre as opiniões não deixa de ser real, 1º porque os que são espectadores do combate, e desinteressados, formam suas opiniões de acordo com as razões alegadas por um ou outro dos contendores; 2º porque mesmo o contendor que está errado, e que no debate fecha os olhos à verdade, não conserva essa obstinação, quando reflete depois com sangue-frio e volta por si só à idéia que combatera.

A conversação é a grande escola do espírito, não só no sentido de que o enriquece com conhecimentos que dificilmente teriam sido extraídos de outras fontes, mas também tornando-o mais vigoroso, mais justo, mais penetrante, mais profundo.

"O estudo dos livros", diz Montaigne, "é um movimento lânguido e fraco, que não se inflama nos casos em que a conferência exercita e ensina ao mesmo tempo. Se discuto com uma alma forte e um duro adversário, ele me aperta os flancos, suas imaginações impulsionam as minhas: o ciúme, a glória, a contenda impelem-me e elevam-me acima de mim mesmo." (Livro III, cap. 8.)

Montaigne mostra aqui os efeitos da conversação na qual se debate, que é manifestamente um meio de exercitar e de fortalecer todas as faculdades do espírito; mas, aquém da disputa, a mera discussão, e mesmo a conversação, na qual, não sendo os pareceres partilhados, todo o mundo tende a um mesmo objetivo, também têm grandes vantagens para exercitar e formar os espíritos.

Elas produzem tal efeito de duas maneiras: uma, aumentando a força dos meios naturais daquele que fala, a outra, despertando e fortalecendo a atenção daqueles que escutam. O movimento da conversação confere ao espírito mais atividade, à memória mais firmeza, ao juízo mais penetração. A necessidade de falar claramente leva a encontrar expressões mais corretas. O receio de deixar-se levar a um paralogismo que seria percebido afasta do paradoxo. O desejo de ser escutado favoravelmente sugere todos os meios da eloqüência permitidos pela conversação familiar, e algumas vezes também formas oratórias, quando elas podem ser aí cabíveis, trazidas pela natureza do assunto e pelas circunstâncias.

Não tenho necessidade de dizer que os homens em quem o movimento da conversação desenvolve e aperfeiçoa assim seus meios naturais são homens de bom senso e de boa-fé: pois os espíritos sem tino e vãos, e os homens sectários, para quem a conversação não é mais que uma arena onde combatem como gladiadores, e que só querem chegar a uma vitória aparente, e não à verdade, estes se atêm a deixar o espírito com menos tino ainda e a perder-se ainda mais em suas opiniões.

De outro lado, o calor da conversação desperta e anima a atenção nos ouvintes.

Na maior parte dos homens, a leitura não é acompanhada dessa atenção forte, que é precisamente o instrumento de todos os nossos conhecimentos. Essa atenção se torna fácil na conversação. A voz, o gesto, o tom de quem fala, sobretudo se é animado por uma ligeira contradição, aguçam, por assim dizer, a seta de seu pensamento e a cravam ainda mais.

Um efeito não menos interessante da conversação é o de aperfeiçoar a moralidade e a sociabilidade do homem.

Observarei primeiro que a moral da conversação tende naturalmente a ser boa. Um homem bem pode ter ou fazer para si mesmo princípios de imoralidade, quando trata apenas consigo; mas, no trato dos homens entre si, é impossível que eles estabeleçam máximas imorais, que erijam o vício em virtude, ao menos com algum sucesso; não podem ferir abertamente os princípios gerais da moral nem lhes contestar a aplicação correta.

A justiça é uma necessidade do homem, e tem sobre ele tal domínio que, afora os tempos de desordem em que domina o espírito faccioso, não se pode combatê-la de rosto descoberto, e que todos se vangloriam, ao contrário, de prestar-lhe homenagem.

O que acabo de dizer diz respeito aos costumes como bons ou maus; mas, considerando-os como simplesmente *sociais*, reconhece-se que a atividade da conversação é o caráter principal e a causa mais poderosa do aperfeiçoamento da sociabilidade das nações.

A comparação das nações nas quais a conversação é mais ativa com aquelas nas quais o é menos fornece uma experiência demonstrativa sobre isso; se é verdade que, de todas as nações da Europa, a francesa é aquela em que se encontra maior sociabilidade, é porque se conversa mais na França do que em qualquer outro país; e porque, embora nela a conversação seja prejudicada por grandes defeitos, esses defeitos não a impedem de produzir o efeito salutar que lhe atribuo aqui.

Dizem, com razão, que o trato livre dos dois sexos era um dos princípios mais poderosos da civilização e do aperfeiçoamento da sociabilidade. Ora, esse efeito se opera através da conversação: se as mulheres transmitem aos homens uma parte da doçura que a natureza lhes pôs no caráter, é pela conversação que se faz essa transmissão; é pela conversação que sua delicadeza, sua bondade, sua deliciosa sensibilidade, tão doce e tão favoravelmente contagiosa, evidenciam-se e causam impressão; e, se é o desejo de agradar às mulheres que tempera gradualmente a dureza natural aos homens, é através da conversação que tal desejo é manifestado, e é o hábito de exprimi-lo que forma o hábito de senti-lo.

Mas, ao dizer que a conversação deixa as nações mais sociáveis, não estaremos repetindo uma verdade trivial?

Parece-me que o que se disse até agora sobre essa matéria foi dito por demais vagamente, que não se vinculou nenhuma idéia muito clara à palavra *sociedade*; cumpre, penso eu, distinguir a mera aproximação dos homens que não têm outro trato entre si, embora reunidos, além daquele que é relativo às suas necessidades físicas, de um outro trato menos necessário, porém mais íntimo, mediante o qual se satisfazem as necessidades do espírito, e ao qual cumpre atribuir os principais efeitos produzidos, entre os homens, pelo estado de sociedade. Essa distinção propaga mais clareza sobre a questão de que tratamos, e faz-nos distinguir a conversação como uma poderosa causa do aperfeiçoamento da espécie humana, para além do simples estado de sociedade.

Não receio dizer que o primeiro grau de sociabilidade, produzido pela aproximação dos homens em sociedade política, é pouco considerável em comparação com aquele trazido pelo trato desses homens reunidos, quando comunicam entre si suas idéias mediante freqüentes conversações. Suponhamos selvagens que formem de repente uma sociedade com a união de suas famílias; eles perderão, é verdade, uma parte de sua ferocidade; as novas relações que os unem desenvolverão neles sentimentos de humanidade, de benevolência, que não haviam conhecido; mas, se supusermos que os chefes dessas famílias reunidas continuam a passar a maior parte de sua vida na caça, cada um de seu lado, como fazem as nações selvagens da América, as diferenças que distinguirão esses homens reunidos dos selvagens errantes e dispersos serão pouco consideráveis.

Suponhamos ainda que esses selvagens, vivendo juntos como os povos civilizados da Europa, tenham uma língua limitada a um pequeno número de palavras relativas aos objetos de primeira necessidade, à qual faltam todos os termos que exprimem nas línguas dos povos civilizados as idéias abstratas dos vícios, das virtudes, dos deveres etc., a moral desse povo será tão limitada quanto a sua linguagem. Ele conhecerá e praticará, talvez, os primeiros deveres que resultam das relações estreitas dos pais com os filhos, e do esposo com a esposa; mas ignorará uma profusão de outros sentimentos delicados, que propagam tantas doçuras na vida, e pelos quais se aperfeiçoa e se completa a civilização.

Enfim, é ao hábito de conversar que se devem atribuir as principais diferenças que distinguem o homem civilizado do homem selvagem. No primeiro, as sensações, as idéias, os desejos, os temores, em uma palavra, todas as paixões são modificadas de mil maneiras pela ação dos seres semelhantes a ele que o rodeiam. É através da conversação que suas idéias adquiridas se desenvolvem, se modificam, se coordenam. A expressão de suas paixões é contida, seus gostos se depuram e se temperam; enfim, é dela, se me é permitido dizer, que o homem da natureza recebe, se não suas primeiras e mais necessárias vestes, pelo menos aquelas que lhe são as mais cômodas e as mais agradáveis.

Mas, dirão, a conversação será suscetível da perfeição que lhe queremos dar?

Eis a resposta que dá a essa pergunta o engenhoso escritor que tomei por guia:

"Nas investigações que têm como objeto a felicidade pública, ou a da vida privada, nossa imaginação ou nossa loucura algumas vezes nos conduzem a sistemas tão rebuscados e tão sutis que jamais podemos vê-los realizados.

"Um verdadeiro amigo, um casamento completamente feliz, um governo perfeito, e alguns outros objetos desse gênero, requerem, em sua composição, um número tão grande de ingredientes, todos eles excelentes, e combinados com tanta habilidade, que, daqui a alguns milhares de anos, não veremos nada de semelhante senão nos livros. Sucede isso, ou poderia suceder de outro modo, com o projeto de aperfeiçoar a conversação: pois, para isso, apenas seria preciso evitar certo número de erros: o que, embora bastante difícil, está, porém, no poder de todo homem, ao passo que é a falta deste mesmo poder que se opõe à execução de seus outros projetos.

"A conversação parece requerer, de fato, apenas talentos naturais à maioria dos homens, ou, ao menos, que podem adquirir sem muita genialidade e trabalho. A natureza, que nos fez sociáveis, deu a todos os homens a possibilidade de serem agradáveis na sociedade: se ela não deu a todos o talento de nela brilhar, basta-lhes para tanto observar e evitar os erros pelos quais nos deixamos levar nessa espécie de trato com os homens, e tirar desse conhecimento máximas que nos possam servir de regras de conduta."

Embora os tratados de retórica não possam formar sozinhos um homem eloqüente, Cícero e

Quintiliano fizeram tratados de retórica cuja utilidade não pode ser contestada. Assim também, e guardadas as proporções, embora aqueles cuja conversação é agradável, interessante e útil possam não encontrar nada de novo para si nas observações que vão ler, elas poderão servir para aqueles que, na idade em que ainda se aprende a conduzir o espírito, desejariam aperfeiçoar em si mesmos a arte de conversar, fonte de muito prazer e felicidade. Essa arte pode ser ensinada até certo ponto: pois as pessoas mais agradáveis na conversação, que devem essa vantagem a uma infinidade de reflexões sagazes e rápidas que fizeram, e que fazem continuamente, sobre os meios de agradar na conversação, e sobre os defeitos que a estragam, reflexões de que elas nem sempre se dão conta, mas que as dirigem sem cessar, ao reunir essas reflexões, podemos sugeri-las a quem ainda não as fez, sendo esse o objetivo que me proponho nesta obra, executando, como o anunciei, o plano do Doutor Swift. A pequena obra desse engenhoso escritor consiste em dar a conhecer os erros pelos quais nos deixamos levar na conversação, e os inconvenientes que acarretam. Seguindo e completando esse plano, acho que os principais vícios que estragam a conversação são:

1º a desatenção;
2º o hábito de interromper e de falar vários ao mesmo tempo;
3º o afã exagerado de mostrar espírito;
4º o egoísmo;
5º o despotismo ou espírito de dominação;
6º o pedantismo;
7º a falta de continuidade na conversação;
8º o espírito de pilhéria;
9º o espírito de disputa;
10º a disputa;
11º a conversação particular em substituição à conversação geral.

Sobre cada um desses temas, reunirei algumas reflexões.

A desatenção

Dentre os erros que se devem evitar na conversação, o primeiro que ressaltarei é a desatenção.

Fontenelle, numa idade avançada, dizia que se consolava de deixar a vida porque já não havia ninguém que soubesse escutar.

A obrigação de escutar é uma lei social que é infringida incessantemente. A desatenção pode ser mais ou menos impolida, e algumas vezes até insultante; mas sempre é um delito de lesa-sociedade. No entanto, é bem difícil não se tornar culpado dela com os tolos; mas essa é também uma das melhores razões que se pode ter para evitá-los, porque se evita ao mesmo tempo a ocasião de feri-los.

Pode-se dizer que o espírito só é justo, vasto, penetrante, sólido, em razão de seu maior hábito de ser atento. A verdade é feita para o espírito; a estrada que conduz a ela está aberta a todo o mundo. Os espíritos sem tino são assim apenas porque não empregam um grau de atenção suficiente para distinguir a verdade do erro; e não parece possível que, com um grau igual de atenção, dois espíritos adquiram opiniões contraditórias sobre uma mesma matéria, a menos que um deles esteja cego pelo interesse: daí a importância e a necessidade da atenção na conversação, essa grande escola do homem.

Um homem inteligente lamentava que a natureza não houvesse guarnecido nossas orelhas com uma espécie de pálpebra, que se abaixaria e fecharia a passagem às palavras dos maçadores e dos tolos, como fechamos os olhos para a luz que os fere.

Mas ele esquecia que, estando em sociedade, não poderíamos ter-nos servido desse meio, porque nossa presença no meio da sociedade nos impõe a obrigação de nela sermos ouvintes, bem como a de estarmos atentos.

Cumpre dizer, porém, que o homem inteligente e o homem instruído, se têm a arte de escutar, poderão manter a conversação com o tolo e com o ignorante. É que o mais tolo dos homens muitas vezes dá bons conselhos, e o ignorante sempre sabe alguma coisa. Se apurarmos com sagacidade, de seus discursos, as coisas sensatas neles existentes, se as desenvolvermos a eles mesmos, disso tiraremos partido. O homem inteligente, abaixando-se até eles, os elevará quase até ele. Cumpre para isso ter não só espírito, mas, o que é mais raro ainda, muita paciência e doçura, qualidades preciosas, que fazem com que se amem aqueles que as possuem, porque com eles encontramos espírito, ou porque ao menos exercitamos todo aquele que temos. Não pretendo, entretanto, que essa indulgência para escutar seja levada longe demais, porque degeneraria em baixeza e em sensaboria, excesso que se deve evitar, tanto por si mesmo quanto pela sociedade, que se tornaria sua vítima.

A falta de atenção provém em geral de uma causa que Swift notou. Essa causa é, naquele que deveria escutar, a impaciência de criar a idéia que ele concebe no mesmo momento em que começais a falar-lhe. À espera desse feliz momento, não está nem um pouco ocupado com o que estais dizendo. A sua imaginação está por inteiro no que procura dizer-vos. Parece temer que sua memória a deixe escapar, ou que outra idéia menos engenhosa tome em sua cabeça o lugar daquela.

Mas, comumente, é verdade que, entregando-nos a essa impaciência inquieta, perdemos nossos recursos e nossos meios. Tornamo-nos nós mesmos estéreis; empobrecemos nossa invenção, que poderia fornecer muitas outras idéias tão boas ou melhores do que aquela que conservamos com tanto desvelo, que se apresentariam ao espírito mais naturalmente, e, o que é importante aqui, mais abundantemente levadas pelo próprio discurso de vosso antagonista, se o houvésseis escutado com mais atenção e sangue-frio.

*O hábito de interromper e de falar
vários ao mesmo tempo*

É por não saber e não querer escutar que vemos quase universalmente estabelecido entre nós um costume, realmente chocante, de interromper continuamente aquele que está falando, antes que tenha acabado sua frase e dado a entender todo o seu pensamento: isso é o flagelo de qualquer conversação.

Diria de bom grado, desse defeito, que é propriamente o mal francês, e que nos é quase particular.

Gaillard, na obra intitulada *De la rivalité de la France et de l'Espagne* [Da rivalidade entre a França e a Espanha], no tomo IV, página 117, recolhendo da história, com sua sagacidade costumeira, todas as visões filosóficas que ela pode fornecer, assinala que, de acordo com Philippe de Commines, nas conferências preliminares do Tratado de Verceil, assinado em 10 de outubro de 1495, entre Carlos VIII e os italianos, observou-se, como um traço característico do espírito francês, esse afã de falar, que faz com que várias pessoas elevem a voz ao mesmo tempo, de maneira que nenhuma é ouvida.

"Do lado dos italianos", diz ele, "ninguém falava a não ser o Duque Ludovico; mas nossa condição não é de falar tão pausadamente como fazem eles: pois falávamos por vezes dois ou três juntos, e o dito duque dizia: *Oh! Um por vez.*"

"Vemos por aí", continua Gaillard, "que essa doença francesa é mais antiga do que talvez se pense. Fontenelle acreditava tê-la visto nascer na França, porque havia passado a infância e a juventude na Normandia, ou seja, na província da França menos sujeita a esse ardor de falar com demasiada precipitação e todos ao mesmo tempo; ele não havia visto muitos exemplos dele senão em Paris; e garantia, com mais razão, que, no decorrer de sua longa vida, vira-o fazer enormes progressos; e, desde 1757, época de sua morte, como 1657 o era de seu nascimento, ele fez maiores progressos ainda."

Vi algumas vezes estrangeiros observarem uma sociedade francesa, em que a conversação era interrompida assim quase a cada frase, não somente entre dois interlocutores, mas entre três e quatro ao mesmo tempo, e umas vezes mais ainda; tínhamos, aos olhos deles, o ar de loucos.

Os membros da antiga Academia Francesa conservaram por tradição um dito de Mairan que, molestado mais do que qualquer outro por esse defeito, disse um dia, seriamente, a seus confrades: "Senhores, proponho-lhes determinar que aqui falarão somente quatro ao mesmo tempo; talvez possamos chegar a entender-nos."

"Costuma-se ver", diz ainda Swift, "o mesmo homem tornar-se culpado de dois erros que parecem diferentes, mas que vêm da mesma fonte, e que são igualmente condenáveis, quero dizer a vivacidade que faz que se interrompam os outros, e a impaciência que se sente ao ser interrompido. Todo homem que considerar com atenção que as duas principais finalidades da conversação são divertir e instruir os outros, e dela tirar para si mesmo prazer e instrução, dificilmente incorrerá nesses dois erros. Com efeito, supõe-se que aquele que está falando fala para o prazer e para a instrução daquele que o escuta, não para si próprio; daí se segue que, com um pouco de discrição, ele se acautelará bem de forçar a atenção, se não lha querem conceder; compreenderá bem, ao mesmo tempo, que interromper quem está falando é a maneira mais grosseira de fazê-lo entender que não se dá a menor importância a suas idéias e ao seu juízo."

O afã exagerado de mostrar espírito

Swift tocou nesse ponto de uma maneira picante. "Nada", disse ele, "estraga mais a conversação do que o desejo grande demais de mostrar espírito: é um defeito a que ninguém é mais sujeito do que as próprias pessoas espirituosas, e no qual incorrem com maior freqüência ainda quando estão juntas. Os homens dessa espécie olhariam suas palavras como perdidas se tivessem aberto a boca sem dizer algo espirituoso. É um tormento para os assistentes, assim como para eles mesmos, o trabalho a que se dão para tanto, e os esforços que em geral fazem sem sucesso. Acham-se obrigados a dizer alguma coisa extraordinária que os deixem quites consigo mesmos, e que seja digna de sua reputação, sem o quê imaginam que os ouvintes ficariam logrados em sua expectativa e poderiam olhá-los como seres semelhantes ao resto dos mortais. Vi dois homens, que uns outros haviam reunido para usufruir-lhes o espírito, prestarem-se ao riso, à custa deles, de toda uma sociedade."

Há que convir que esse defeito é bem menor, ou menos freqüente, nas sociedades polidas, sobretudo naquelas da capital, onde o espírito e a facilidade de falar, que amiúde o substitui, por serem coisas muito mais comuns, tornam muito mais difícil àqueles que têm um ou a outra deles se prevalecerem.

Mas o desejo de mostrar espírito prejudica a conversação noutra ordem de pessoas. As moças e os moços que entram na alta sociedade em geral se tornam, ora de uma taciturnidade estúpida, ora de uma tagarelice impertinente. Procurando com demasiada inquietude o que se deve dizer, não se encontra mais nada: um procedimento estudado perde toda a sua graça. Abandonar-se ao curso natural das idéias e ao movimento do espírito, aí está um meio seguro de agradar na conversação, mesmo para aqueles que têm um talento medíocre e conhecimentos pouco extensos. Essa instrução é útil mormente às moças, que sempre falam bem quando falam naturalmente.

Há outro gênero de pretensão a ter espírito, que não é menos funesto à conversação: é a que muitas pessoas mostram, fazendo-se passar por ter opiniões já formadas sobre todos os assuntos tratados. Sempre pensaram há muito tempo o que lhes estais dizendo; aprofundaram o tema; nada têm a aprender sobre isso; e, em geral, é a primeira vez que alguma idéia sobre esse assunto se lhes apresentou à mente. O ruim é que, depois de se terem assim apresentado, obrigados que são a sustentar a vaidade com algumas observações, não deixam, ou de repetir sob outra forma o que acabais de lhes dizer, ou de estragá-lo com alguma visão errada que lhe juntam, ou ainda, o que é bem mais comum, de contradizer-vos a torto e a direito.

É desse defeito, sobretudo, que vem a grande dificuldade que se experimenta em persuadir na conversação. Todo o mundo se vangloria de trazer, à sociedade, suas opiniões já formadas, porque cada qual quer que pensem que leu, estudou e refletiu sobre os temas que são tratados. Ora, deixando-se convencer, receia-se deixar que vejam que não se havia refletido sobre a questão ventilada, e a vaidade de parecer instruído afasta de nós a instrução.

Não é necessário dizer que essa vaidade, que faz exibir uma opinião definitiva sobre questões que jamais se examinaram, é o grande caráter da ignorância: pois o homem que aprendeu muito é aquele que sabe melhor que ainda tem muitas coisas para aprender, e este também não enrubesce de não saber tudo.

De resto, esse erro é, há que dizer, mais escusável ainda nos homens de letras, e naqueles que cultivaram o espírito com mais desvelo, do que na maior parte dos homens de sociedade. Exige-se mais dos primeiros, e eles podem ficar mais envergonhados de não ter condições de corresponder à idéia que se tem deles. Mas é estranho que pessoas que nunca tiveram senão uma aplicação passageira, a quem sua profissão ou os prazeres da sociedade não deixaram tempo de instruir-se, e que nunca sentiram vontade de fazê-lo, tenham a pretensão de ter idéias formadas e definitivas sobre questões muito difíceis, e de saber tudo, sem jamais ter aprendido nada.

Esse defeito também tem origem num erro bem grosseiro e bem comum, que faz acreditar que todos os conhecimentos que não possuem, como as ciências físicas e matemáticas, ou as artes, uma linguagem técnica, e que são, por essa razão, o objeto natural da conversação, tais como a moral, a política, a administração etc., são apenas por isso um campo aberto a qualquer um, em que ele pode combater tão bem quanto qualquer outro.

Nada, entretanto, é mais errado, pela grande razão que só se sabe o que se estudou, e bem estudado. Conquanto não se empregue nem fórmula algébrica, nem linguagem específica em economia pública, em matéria de governo, o homem de sociedade, nem sequer o homem de letras que não as estudou, não têm mais condições e direito de falar delas com autoridade, e mesmo de ter um parecer, do que sobre matérias de medicina ou de química, ou para pronunciar-se sobre qual é o grande geômetra, Clairaut ou d'Alembert, Lagrange ou Laplace. Percebe-se que essa observação abrange também as damas, que são tão eruditas hoje sobre a distinção das formas de governo e sobre o direito de representação etc.

Será fácil ficarem de acordo com o que acabo de dizer, em conformidade com esta simples consideração: é precisamente nas ciências que não têm uma linguagem que lhes seja específica, fórmulas próprias, instrumentos que sejam apenas delas, que o erro se insinua com mais facilidade; seus termos são mais equívocos, mais mal definidos, mais difíceis de definir; e, ao passo que o geômetra, armado de suas expressões algébricas, que são invariavelmente as mesmas em todas as suas fórmulas e em todas as partes de sua demonstração, tem um meio, por assim dizer, mecânico de afastar de si o paralogismo, meu doutor em política e em economia pública, empregando a mesma palavra em dois ou três sentidos diferentes, esquecendo um ou dois dos elementos necessários da questão, divaga e perde-se depois de alguns passos, sem que possamos nem nos fazer entendido por ele, nem fazê-lo entender a si mesmo suas próprias decisões.

Essa pretensão de saber o que não se aprendeu é mais comumente o defeito de nossa nação, mais do que de qualquer outra.

Ouvi Franklin fazer, a esse respeito, uma observação perspicaz. Dizia ele que entre um inglês e um francês havia a diferença de que, quando fazíeis uma pergunta a um francês, este sempre começava por responder-vos como que sabendo muito bem o que lhe perguntáveis; e que, pegando-o depois sobre os detalhes, as circunstâncias, acontecia-lhe muitas vezes ser forçado a convir que ignorava os mais importantes, e aqueles mesmos que cumpriria saber para dar uma resposta qualquer; que, diferentemente do francês, o inglês, em igual situação, dizia facilmente: *I don't know* (*não sei*), resposta que quase nunca se obtém de um francês logo de saída.

A verdade dessa observação impressiona-me cada dia mais, desde a época da Revolução. Esse defeito nacional parece-me ter piorado. O espírito de liberdade que pretenderam dar-nos levou, mormente entre os jovens, a uma segurança, a uma audácia, a um desprezo dos comportamentos estabelecidos, a um esquecimento do respeito devido à idade e ao saber; enfim, a uma disposição para dominar na conversação, tamanha, que geralmente se pode assegurar que o orador escutado em cada círculo, ou pelo menos aquele que vos força a escutá-lo, é um moço que se crê capaz, não só de debater como Pico de la Mirandola, mas de dar aulas de *omni scibili et quibusdam aliis*, de tudo que se pode saber, e de algumas outras coisas.

O egoísmo

O egoísmo, na conversação, é um defeito grosseiro demais para que seja necessidade ressaltá-lo e combatê-lo. Aliás, a sociedade tem bastante prevenção contra os egoístas. A personalidade de cada qual, mesmo contida em limites justos, resiste à opressão que o egoísta desejaria estabelecer.

No entanto, nunca seria demais alertar os jovens contra essa falta e esse ridículo. Uma inclinação muito natural nos leva a ele, e muito amiúde deixamo-nos levar por ele sem perceber.

Diria, contudo, que a máxima que proíbe falar de si mesmo não deve ser entendida com demasiado rigor; seria exagerado. Circunstâncias há em que se pode, sem inconveniente, falar de si mesmo (com comedimento) e fazer-se escutar ainda com algum interesse. Um dia perguntei a Madame Geoffrin, a quem encontrei numa conversa a sós de uma hora com uma figura tediosa, se não estava exasperada. *Não*, disse ela, *porque eu o fiz falar dele; e porque, falando de si, sempre se fala com certo interesse, mesmo para os outros.* Mas o caminho é escorregadio, e é fácil levar um tombo, ou seja, ir além da medida da paciência de vossos ouvintes.

O despotismo ou espírito de dominação

Denomino *despotismo* na conversação a disposição de certos homens que nunca estão à vontade senão nas sociedades em que dominam e em que podem assumir o tom de ditador. Um homem assim não busca nem instruir a si mesmo, nem divertir-se, mas somente dar uma alta idéia de si. Pretende formar, sozinho, toda a conversação. Não lhe são precisos interlocutores, mas somente ouvintes e admiradores. Se fazeis a mais severa restrição a suas asserções dogmáticas, sua voz redobra de força, e suas decisões ficam ainda mais seguras. Como a natureza comumente reuniu, nos homens dessa espécie, uma grande força de pulmões a uma grande confiança, eles bem depressa reduzem ao silêncio todo o resto do grupo. Pode-se-lhe aplicar a frase de Tácito sobre os devastadores: *Cum solitudinem fecere, pacem appellant* (Quem semeou a desolação cria as condições da paz). Quando ninguém lhes responde, persuadem-se de que todo o mundo está convencido.

Conheci, porém, faladores que se apoderavam assim da conversação, mas de uma maneira diferente, e fazendo que se lhes perdoasse a usurpação. Um homem profundamente instruído sobre o assunto que é o objeto de todos os seus estudos, que possui o todo de uma grande teoria, necessita, para desenvolvê-la para os outros, do silêncio e da atenção deles. Então pedirá a palavra, exporá seus princípios e lhes deduzirá as conseqüências; e, se puder obter que o deixem explicá-lo, e se seu sistema for verdadeiro ou somente verossímil, se for engenhosamente concebido e claramente exposto, não se sentirá a perda de uma conversação, mesmo geral, cujo lugar será tomado por seu discurso. Ouvi falar assim horas inteiras, com um grande encanto para todos os assistentes, Buffon, Diderot, o Abade Galiani; os homens com esse talento são raros. Não sei se a forma nova de nosso governo nos formará outros iguais, ao menos no tocante à política. Mas, enquanto isso, confessarei que essa maneira de apoderar-se da conversação se converte em proveito da sociedade, e que não é esta que eu quisera proscrever.

Não estou longe de aproximar do despotismo, na conversação, uma maneira de ser que parece, à primeira vista, diferir muito dele; quero falar de certa falsa modéstia mais opressiva e mais insultante, na minha opinião, do que o tom decisivo.

Eis aproximadamente a linguagem dessa gente: "O que eles têm a honra de dizer-vos parece-lhes demonstrado, mas é somente a opinião deles, que não pode servir de lei para ninguém. Se não temos o mesmo parecer, é, sem dúvida, porque eles tiveram a infelicidade de não se explicar bem e porque não se fizeram entender; eles rogam que lhes permitamos repetir o que já disseram, persuadidos de que aceitaremos a evidência de suas razões. Não tomariam a liberdade de ter um parecer diferente do vosso sobre outras matérias; mas, quanto àquela de que tratamos, fizeram um estudo especial que os autoriza a expressar sua opinião etc. etc." As mais humildes fórmulas de polidez estão em sua boca a cada objeção que vos opõem. *Permiti-me, fazei-me o favor, dai-me a honra de ouvir-me, não estou explicando-me bem etc.* E, através dessa pretensa modéstia, transparecem a vaidade e o despotismo. Como esse tom é forçado e pouco natural, é impossível que, num debate um tanto longo, ele se sustente até o fim, e nosso homem, falsamente modesto, deixa escapar traços que o traem. Mas mesmo aqueles que mantêm melhor as aparências nada ganham com essa dissimulação e não enganam quase ninguém: perdoa-se menos essa modéstia hipócrita do que as expressões demasiado duras das pessoas vivas e decididas.

O pedantismo

Não posso fazer melhor aqui do que fazer o Doutor Swift falar.

"Entendo", diz ele, "por pedantismo o uso demasiado freqüente e descabido de nossos conhecimentos na conversação comum e a fraqueza que faz com que se dê a tais conhecimentos uma importância exagerada. Segundo essa definição, as pessoas da Corte, os militares, os homens de todas as condições podem cair no pedantismo da mesma forma que um filósofo ou um teólogo. Mesmo as mulheres incorrerão nesse ridículo, se nos falarem mui longamente de seus vestidos, de seus adereços e de sua economia doméstica etc. É isso que me faz pensar que, embora seja em geral um procedimento honesto e sensato pôr as pessoas com quem se conversa no assunto em que são mais versadas, um homem sensato em geral desviará as ocasiões de falar assim daquilo que sabe melhor, para não merecer a censura de pedantismo da parte daqueles que não o sabem tão bem quanto ele."

Mas há que convir que o pedantismo comumente consiste mais ainda no tom do que na coisa. É pedante aquele que, aprumando-se nos pés e elevando uma voz magistral e dura, dita suas opiniões e pronuncia suas decisões com o tom com que o mestre-escola fala aos alunos. Foi mesmo dessa maneira dos professores primários das crianças que foi feita a palavra *pedantismo*. Esse é um dos defeitos aos quais os homens de letras estão mais freqüentemente sujeitos, e pelo qual vários deles, com mérito e talentos, chegam a desagradar na sociedade.

De todos os defeitos da conversação, este não é o mais comum. As pessoas de sociedade lhe puseram ordem. Como, a seus olhos, o saber mais real é algumas vezes ridículo, ou pelo menos descabido na conversação, o pedantismo ou a afetação do saber o é muito mais ainda. Nossa nação tem, sobretudo nesse gênero, uma delicadeza tão grande que, em grande número das sociedades, tudo o que se pode fazer de melhor é ocultar que se é instruído.

É um gênero de pedantismo o *purismo*, pelo qual entendo uma excessiva severidade ou uma afetação na escolha das palavras e dos torneios de frase. Basta dizer que é uma afetação para que se compreenda que é um defeito de que o bom senso deve afastar-nos. Mas considerarei aqui o purismo por um outro prisma, quero dizer, relativamente aos inconvenientes que traz à conversação. Os puristas, com essa escolha das palavras e das expressões, pretendem expressar melhor seu pensamento, mas normalmente não alcançam seu objetivo, e acontece-lhes amiúde expressá-lo errada ou fracamente; sua mente atenta à escolha das palavras toma muito menos tento à idéia que se trata de exprimir; perdem a vantagem dessa primeira visão, mais rápida que o raio, desse primeiro olhar que nos apresenta a idéia, e, ao mesmo tempo, a expressão mais natural de que deve ser revestida. Em geral rejeitam a palavra própria e comum que se oferecia para utilizar a palavra afetada e menos familiar, porém fraca ou descabida. Com isso sua conversação se torna insossa e fria, e insuportável a espíritos que têm algum calor e alguma força.

"Gosto", diz Montaigne, "entre os homens de bem, que se exprimam corajosamente, que as palavras vão para onde vai o pensamento. Temos de fortificar o ouvido e endurecê-lo contra essa brandura do som cerimonioso das palavras." (Livro III, cap. 8.)

Essa é, em geral, a origem do tédio produzido na conversação por pessoas que, por sinal, têm certo mérito e certas luzes. Tal defeito é difícil de perceber quando não é levado ao extremo; mas é um vício oculto ao qual se deve atribuir a insipidez da conversação de muitos homens eruditos, de quem se pode dizer de acordo com Despréaux:

> Dieu préserve mon ouïe
> D'un homme d'esprit qui m'ennuie;
> J'aimerais cent fois mieux un sot.[1]

---

1. Deus preserve meu ouvido/ De um homem inteligente que me entedia/ Preferiria cem vezes mais um tolo. (N. da T.)

Essa falta é com bastante freqüência a cometida pelas mulheres, que, sendo aliás inteligentes e falando com pureza e correção, acreditam erradamente que pormenores indiferentes deixam de sê-lo quando são enunciados em termos exatos; mas as formas não podem disfarçar por muito tempo a pobreza do fundamento.

A falta de continuidade na conversação

É triste ser obrigado a concordar com isso, mas é verdade que a desconexão, a falta de ligação entre as idéias etc., é o vício quase geral das conversações de nossos dias entre as pessoas de sociedade.

Quando se trata seguidamente do mesmo assunto, como questões políticas, nos tempos de facção e de grandes movimentos públicos, a falta de ligação das idéias e das partes da conversação ainda ocorre. A desconexão está então nas provas e nos raciocínios. Passa-se de um artigo para outro dentro do mesmo assunto, e de um argumento para outro, antes de ter discutido a solidez do primeiro, e sempre sem ter definido bem os termos.

A conversação vive da ligação das idéias. É porque tudo tem uma maior ou menor interdependência na natureza e nos pensamentos do homem que o espírito tem um progresso, que caminha de uma idéia para a outra, e de duas idéias para uma proposição elaborada, e de duas proposições para uma terceira, que é a conseqüência das duas primeiras, e depois de conseqüências para conseqüências. Ora, esse encaminhamento é o único que pode proporcionar uma boa conversação.

Apenas por uma comparação poética, e que não se deve entender ao pé da letra, é que se pode assimilar um escritor ou mesmo um poeta e um homem erudito de sociedade a uma borboleta; pois nada é mais louco e mesmo mais tolo do que um homem-borboleta; mas ele não é mais conveniente na conversação do que nos livros.

Sou uma coisa ligeira, e vôo a todos os objetos, diz La Fontaine de si mesmo; mas essa coisa ligeira tem um caminhar sempre sensato, embora livre, e sempre seguro, embora cheio de graças. A ligação das idéias o conduz, e é uma ligação real e forte, não de palavras, mas de coisas.

Distinguindo a ligação das palavras e a das coisas, toquei num dos maiores vícios da conversação. É agarrando assim a palavra e esquecendo o fim, o objeto geral da conversação, que lhe quebram mais facilmente o fio, como bem o sabem os agradáveis de quem falarei logo adiante.

Na verdade, uma leve relação e uma ligação pouco acentuada entre as idéias bastam para deixar a conversação racional sem ser pesada, e leve sem ser louca. É em evitar essas duas extremidades que consiste o grande mérito da conversação. Uma analogia bastante fraca autoriza, na conversação, a passar de um assunto para o outro; uma história divertida traz, sem que se fique chocado com isso, uma outra história que se parece, por alguma circunstância, com aquela que se acabou de ouvir. As matérias aparentemente mais disparatadas se sucedem se têm um vínculo em algum lugar. Mas, se se pretende dispensar essa analogia, por mais fraca que seja, faz-se a conversação perder todo o seu atrativo, a mente se aflige com tal desordem, obrigada que é, nessas passagens bruscas demais, a fazer um esforço que a cansa.

Se se quiser um exemplo da espécie de ordem pouco acentuada que é necessária, e que ao mesmo tempo basta na conversação, citarei os *Ensaios* de Montaigne. Censuraram-no de só ir *a trouxe-mouxe*, como ele o diz de si próprio; mas, entre as partes de seus discursos que parecem as mais desconexas, o mais das vezes há uma ligação com que a mente se contenta, e a mesma que basta e é necessária à conversação. Não se pode, por certo, gabar-se de ter uma conversação tão picante e tão variada quanto os *Ensaios* de Montaigne; mas esse é um modelo que sempre se pode propor a si mesmo, embora não se possa atingi-lo.

Não tenho necessidade de advertir que não se deve levar até o pedantismo o cuidado de introduzir certa continuidade na conversação, e de deixar-se conduzir pela ligação e pelas relações das idéias anteriores com aquelas que lhe são acrescentadas.

Uma conversa em que se tratasse de uma questão de filosofia com um método rigoroso, e sem jamais se afastar do assunto dado, seria uma conferência e não uma conversação. De outro lado, uma conversação de tal modo desconexa, que nela jamais se permanecesse dois instantes seguidos na mesma matéria, e em que não houvesse nenhuma relação, nenhuma ligação entre uma idéia e aquela que a precede, seria um discurso insano. Há, pois, um meio entre essas duas extremidades, e a conversação não deve ser nem rigorosamente metódica, nem absolutamente desconexa. No primeiro caso, ela se torna pesada e pedantesca; no segundo, é frívola e ridícula.

O espírito de pilhéria

Entendo por isso o hábito de procurar ser divertido na conversação, e a espécie de esforço que se faz para tanto.

Essa disposição do espírito assume muitas formas diversas, algumas irritantes, outras suportáveis, mas todas, na minha opinião, acompanhadas de alguns inconvenientes bastante grandes que nem sempre são evitados, e que no entanto cumpre evitar, sob pena de estragar mais ou menos a conversação.

A primeira, e a pior espécie de espírito pilheriador, é aquela dessas pessoas que vivem procurando, em tudo quanto se diz, o lado que se pode prestar ao ridículo, e que se encontra sem dificuldade nas coisas mais sérias. Desvirtuam assim, com uma palavra, o que se disse de mais engenhoso e, algumas vezes, de mais profundo. Os contrastes são a mina onde mais garimpam, e sabe-se quão fácil é esse gênero.

É essa sobretudo a maneira de algumas pessoas de sociedade e da alta-roda, a quem amiúde atribuem mais espírito do que têm, consoante a arte que têm de frustrar o espírito dos outros. Como não gostam que o espírito dê à pessoa esse tipo de consideração que a opinião dos homens por vezes põe acima daquela que se prende à condição social ou à riqueza, quebram continuamente o fio da conversação com a pilhéria, quando se apercebem de que ela prende os ouvintes ao homem que os diverte e os instrui.

Para isso, ficam à espreita de uma palavra que possa prestar-se à pilhéria e, por conseguinte, desorientam a conversação.

Com essas pessoas, o espírito sensato que tinha um objetivo vê-se desviar continuamente dele; e, forçado a caminhar, não tem um termo aonde possa gabar-se de chegar. Não conheço nada mais cansativo e mais tedioso, conquanto muita gente pretenda que esta é uma agradável leveza.

Esse é o caráter mais acentuado de um espírito tacanho, a menos que seja o efeito de uma espécie de política que conheci em alguns homens de sociedade e mesmo em alguns literatos; uns, para não deixar que tratem dos assuntos cuja discussão contraria seus interesses ou seus preconceitos; os outros, para não deixar que a sociedade veja-lhes a ignorância sobre a matéria.

O espírito pilheriador também consiste algumas vezes em prodigalizar na conversação os jogos de palavras a que chamam *chistes e trocadilhos*, que são o flagelo de qualquer boa conversação. Esse uso infeliz do espírito rompe-lhe o fio em todos os momentos. As palavras deixam de ser, para o fazedor de trocadilhos, a pintura das idéias que elas devem despertar, e, sendo então entendidas apenas como sons e sílabas, já não há ligação entre as idéias para aqueles que delas se servem; assim eles parecem, nisso, com um homem que, ao ler, vê os caracteres, as letras de que a palavra é composta, e não a coisa que a palavra significa; daí, ocorre comumente que, depois de cada trocadilho, cumpre recomeçar uma outra conversação que se relaciona dificilmente, e quase nunca, com a precedente: por isso esse meio é empregado comumente, e com mais sucesso, pelas pessoas que querem refugar a discussão cujo objeto lhes desagrada. Essas pessoas imitam as crianças que embaralham as cartas no meio da partida, porque seu jogo não está bom; são um verdadeiro flagelo das conversações. Enfim, o próprio fazedor de chistes está perdido para a sociedade e para a conversação, ocupado que está unicamente em espreitar de passagem outro dito do qual possa também escarnecer; ao passo que poderia, com mais proveito e prazer para si mesmo e para os outros, dirigir sua atenção às idéias, às coisas, e contribuir, de sua parte, para manter e animar a conversação.

Enfim, talvez eu esteja sendo severo demais, mas de modo geral não posso impedir-me de olhar os chistes, os trocadilhos, como uma peste da conversação, e como um crime de lesa-sociedade naqueles que o levam até onde o vi chegar umas vezes; e não posso perdoar semelhante uso do espírito senão àqueles que lhe introduzem uma extrema sobriedade, um perfeito senso de oportunidade e certa fineza, condição que nenhum fazedor contumaz de chistes pode preencher.

Não posso me esquecer de falar também dos pilheriadores de profissão, que o Doutor Swift trata bem mal, para que me contente de reproduzir aqui o que ele diz.

"Casas há", diz ele, "onde não podem dispensar algum pilheriador dessa espécie, para divertir a sociedade todas as vezes que se reúne certo número de pessoas. Cumpre mesmo suportar esse uso, por mais ridículo que seja; e o tolero como qualquer outro. Comporto-me então na reunião social como se estivesse numa farsa. Nada tenho que fazer senão rir nas boas tiradas, quando ocorrem, enquanto meu ator desempenha seu papel. Ele se encarregou de fazer-me rir, e, sem dúvida, tem-se como pago quando se ri. Fico porém aborrecido de que em sociedades seletas e pouco numerosas, em que se encontram pessoas que têm espírito e instrução, um saltimbanco desses seja admitido para fazer seus truques que extinguem toda espécie de conversação, sem contar o embaraço que experimento vendo por vezes homens que têm espírito fazerem tão mau uso dele."

Dir-me-ão, talvez, que a espécie de proscrição que exerço contra o homem pilheriador tende a banir toda a alegria da conversação, e que uma conversação, assim depurada, será a mais insípida do mundo, que só será boa para pedantes, injúria que me aplicarão em toda a força dessa palavra. Vejamos se poderei conjurar essa tormenta.

Não, por certo, não quero banir a alegria da conversação, mas quero a espécie de alegria que é a única que lhe convém.

Há uma alegria doce e uma alegria ruidosa; esta se manifesta pela gargalhada, pelo tom de voz elevado, pelo gesto pantomímico; a outra é mais para dentro, exprime-se por movimentos mais moderados, atém-se a sorrir. Via de regra é bem verdadeiro que a alegria doce se sustenta por mais tempo do que aquela que é viva demais; aquela se comunica mais facilmente, e cada qual contribui para aumentá-la. A alegria viva demais, pelo contrário, não passa facilmente daquele que está repleto dela para a alma dos outros. Se ela consegue causar-lhe impressão, amiúde não há reação, os assistentes não contribuem para aumentá-la, e, mais comumente ainda, os caracteres frios que se encontram na sociedade se armam contra ela; assim, aquele que traz esse tipo de alegria à conversação fala sozinho por todos, atendo-se os outros a entregar-se a ela maquinalmente, isso se não lhe resistem.

Não sei se meus leitores observaram, como eu, a seriedade gelada na qual se cai logo em seguida depois de ter rido às gargalhadas de um mau jogo de palavras. Peço que se observem os rostos que depõem contra o gênero. Creio poder dar várias razões desse fato. O prazer que as piadas nos causam dura apenas um momento; é um fogo de artifício que deixa atrás de si, por assim dizer, uma escuridão mais profunda; enquanto o homem alegre prodigaliza as piadas, os assistentes quase não pensam, e ficam apenas passivos. Assim, lançando os olhos sobre o tempo que acabam de passar, observam nele um vazio, existiram menos durante esse intervalo, e permanecem descontentes com sua inação, ou, pelo menos, ficam privados da satisfação que se sente depois de ter exercitado o espírito.

A alegria muito viva, mesmo separada do ruído que a acompanha normalmente, espanta e atordoa na conversação. As idéias apresentadas assim excitam a atenção; mas é uma atenção de certo modo estúpida. Como essa alegria nasce de uma maneira particular de ver os objetos, comumente há só um pequeno número de pessoas na sociedade cuja progressão do espírito seja análoga àquela. Todos os outros são obrigados a fazer um esforço para apreender o objeto de um mesmo ponto de vista; assim, não se pode esperar deles piadas da mesma natureza. A conversação, portanto, só será sustentada pelo próprio homem alegre, ou melhor, não haverá conversação, já que apenas ele falará. A alegria excessiva mata a conversação, enquanto a alegria doce a alimenta e a sustenta.

Parece-me que aqueles que visam mais a introduzir alegria na conversação a comunicam raramente a seus ouvintes, por não observarem ou não prepararem o momento em que se estaria disposto a compartilhá-la; a alegria deles nos convida antes que as cordas de nossa alma estejam montadas para produzirem os sons que se lhe pedem; sempre resistimos um pouco a essa espécie de domínio que os outros querem assumir sobre nós.

A alegria doce não tem esses inconvenientes; encontramo-nos mais comumente dispostos a recebê-la. Como ela é menos distante do estado habitual da maioria dos espíritos, ela se insinua sem sentir resistência, estende-se, cada qual participa dela e contribui para aumentá-la.

Denominarei ainda espírito pilheriador aquele dos contadores de histórias, e compreende-se bem que não pretendo tratá-los tão severamente quanto os outros. Certamente, as histórias são um dos grandes encantos da conversação; mas é desse gênero, sobretudo, que se pode dizer que ele tem grandes dificuldades e inconvenientes reais que é preciso evitar sob pena de estragar a conversação. O talento de narrar agradavelmente não é raro. Há várias maneiras de narrar agradavelmente. Algumas pessoas contam em poucas palavras e com um estilo conciso; apreendem as circunstâncias principais, expressam-se com precisão e omitem os detalhes. Outras têm a arte de narrar longamente sem entediar, embelezando as circunstâncias mais superficiais, pintando-as com verdade. Alguns narradores falam friamente, e essa frieza realça ainda mais o que a história tem de picante, como um fundo escuro faz brilhar um bordado. Outros narram com mais alegria, e rimos das coisas engraçadas que contam, embora eles mesmos riam primeiro. Uns são pantomímicos, e imitam a voz e o gesto das personagens que fazem falar, são comediantes; outros são apenas historiadores. Todas essas maneiras de narrar têm seus atrativos, cada qual deve se apegar àquela que é a mais análoga à progressão de seu espírito e à natureza de seu caráter, à sua própria figura e à compleição de seu corpo. Por exemplo, uma mulher bonita quase não pode representar narrando, porque os grandes movimentos, as caretas, as alterações da voz e da fisionomia, cansariam os espectadores ao contrastarem mui fortemente com suas graças e os atrativos de sua figura. Felizmente as mulheres, que sabem muito bem o que as estraga e o que as embeleza, incorrem raramente nesse defeito. Assim também, as pessoas que têm pouca expressão fisionômica ou um ar desajeitado, aquelas que declamam mal, cujo caráter é frio, devem proibir-se de narrar comicamente; o tom frio e uniforme lhes cairá bem. Não podem sustentar o outro até o fim.

Mas, mesmo com o talento de narrar bem, pode-se ainda desvirtuar a conversação e fazê-la perder uma parte de seu atrativo e de sua utilidade, seja narrando em momento inoportuno, seja narrando demais, o que quase só pode acontecer quando se narra também inoportunamente.

Não é somente o momento oportuno que causa o principal atrativo das histórias, mas a melhor história em si fica insípida e tediosa, se é narrada em momento inoportuno. É isso que torna insípida a leitura das anedotas: nela as melhores tiradas perdem quase todo o sal, porque aí estão sem a menor oportunidade; sem contar que uma profusão de histórias que se sucedem assim são de uma monotonia insuportável.

O grande inconveniente das histórias é cortar a conversação, e fazer perder o assunto de vista, ou dirigir de uma maneira brusca demais a um assunto diferente. Não se deve, por certo, ao exigir esse momento oportuno, ir até uma severidade pedantesca; cumpre ser indulgente com a ligação, e uma relação fraca e leve com o assunto de que se trata, ou com a história que se acaba de contar, autoriza uma nova. No entanto, se se abusa dessa indulgência, a conversação logo se torna insípida, e muitas vezes uma história que teria sido divertida, se tivesse sido bem situada, entedia os ouvintes quando não se prende a nada; e, se contamos duas ou três em seguida, a conversação corre grande perigo de cair totalmente.

A zombaria é ainda um tipo de pilhéria que podemos olhar como um dos maiores flagelos da conversação e, em conseqüência, da sociedade.

A boa pilhéria, a que não ofende, mas que é pespegada, oportuna e naturalmente, e que não passa, aliás, de um rasgo fugidio, proporciona um tempero bem agradável à conversação; mas ela é rara, e foi seu lugar que foi tomado pela zombaria, precisamente, diz Swift, como quando uma roupa muito cara fica na moda, aqueles a quem seus meios não permitem proporcioná-la a si mesmos contentam-se com algo aproximado, que imita passavelmente a moda.

A zombaria consiste em tornar um homem ridículo aos olhos da sociedade, sem que ele perceba, tirando esse ridículo de seus discursos e de suas opiniões, ou dos defeitos de seu espírito e de suas maneiras.

Vi esse espírito na moda em Paris, muito mais do que o está hoje, e conheci heróis nesse gênero. Era um espetáculo curioso, embora por vezes aflitivo, um homem, experiente nessa espécie de esgrima, atacando um adversário fraco, derrubando-o no chão com facilidade, e pondo, como se diz, todos os trocistas de seu lado.

Swift, que captou muito bem o caráter desse gênero de pilhéria, e a quem acabo de emprestar alguns dos traços com que a pintou, faz a esse respeito uma observação repleta de delicadeza.

"Os franceses", diz ele, "e nossos antepassados num século mais polido, tiveram da pilhéria uma idéia bem diferente. Segundo eles, ela deveria apresentar, à primeira vista, uma espécie de censura ou de sátira; mas, mediante uma certa progressão inesperada, ela terminava sempre em alguma coisa agradável para a pessoa a quem era feita; ou, se esse corretivo não se prendia à própria pilhéria, acrescentavam-no posteriormente."

"Essa prática", acrescenta ele, "era seguramente mais conforme às leis da conversação, das quais uma das mais importantes é não dizer nada que alguém da sociedade possa afligir-se por terem dito. Lei bem razoável, por certo, uma vez que não há nada mais contrário ao objetivo das pessoas que se reúnem do que fazer que saiam mal satisfeitos uns com os outros ao se separarem."

O espírito de disputa

Não acharão estranho que eu inclua a disputa no número dos vícios da conversação, se considerarem que a conversação só pode conciliar-se com o debate, e jamais com a disputa.

Denomino *debate* a alegação das razões e argumentos que apóiam duas opiniões opostas, enquanto ele se atém a combater a opinião em si mesma, abstraindo inteiramente a pessoa, e vejo-o degenerar em disputa no instante em que nele se introduz alguma alusão ofensiva.

Concebe-se que por alusões ofensivas não entendo injúrias formais que a boa convivência proíbe; mas notei duas espécies de alusões ofensivas que se insinuam no debate e o fazem degenerar em disputa.

É uma alusão muito comum e muito ofensiva dizer a vosso antagonista que ele tem motivos particulares de interesse, ou a favor de si mesmo, a favor de seus amigos ou contra seus inimigos. Tal recriminação não é uma prova. Deveis supor que um homem que sustenta uma opinião oposta à vossa a sustenta porque a crê verdadeira, e não por alguma outra razão. Digo supor, pois pode-se mesmo crer e pensar que, de fato, a opinião de um homem lhe é ditada por prevenções de classe profissional ou pelo interesse etc. Mas o debate consiste sempre numa suposição contrária, já que não valeria a pena debater se estivesse estabelecido que cada qual forma opiniões e as sustenta, não de acordo com a verdade, mas de acordo com suas paixões e seus preconceitos, e que essas paixões e esses preconceitos são sua regra única. E, na disputa, trata-se apenas de saber se a opinião é verdadeira ou falsa em si própria.

Essa recriminação é ainda mais descabida em todo debate porque sempre pode ser feita com a maior facilidade. Se vós me tachais de sustentar tal opinião por dedicação a um homem de quem gosto, e ao qual ela é favorável, ou por prevenção de classe profissional, posso responder-vos que combateis minha opinião com prevenções do mesmo gênero; se, atacando a classe militar na frente de um militar, defendendo este sua profissão das recriminações que lhe são feitas, disserem-lhe que ele só fala assim porque é militar, ele poderá responder-vos que só censurais as armas porque sois ou burguês, ou eclesiástico, ou magistrado, e de acordo com os preconceitos de vosso nascimento ou de vossa classe profissional. Vê-se que uma disputa que assume essa forma é interminável.

É também uma alusão ofensiva dizer àquele com quem estais debatendo que ele não conhece a matéria de que fala, que não tem condições de decidir numa questão assim etc.; que não é esse seu ofício etc. Pois todas essas observações, bem ou mal fundamentadas, não são razões; e trata-se sempre de alegar, de ouvir e de discutir razões. Não sou militar, e posso falar muito bem de uma operação militar. Não sou magistrado, jurisconsulto por profissão, e posso ter idéias justas, profundas, novas sobre a jurisprudência e a legislação. Escutai-me, e não julgai com base em minha profissão e minha toga, mas com base no que digo.

*A conversação particular em substituição
à conversação geral*

Toco aqui num dos maiores vícios dentre aqueles que estragam a conversação e que a fazem perder quase todo o seu encanto e seu valor; o hábito de estabelecer diversas conversações particulares no meio da reunião social, em que se poderia ter uma conversação geral mais instrutiva e mais agradável para a sociedade inteira.

A conversação é geral quando é entre todas as pessoas que formam a roda ou a sociedade, e quando cada qual lhe traz sua contribuição, seja como ator, seja como ouvinte.

Sou levado a crer que os antigos praticaram, e conheceram melhor do que nós, esse gênero de conversação.

Essa é a idéia dada pela forma de diálogo que seus escritores adotaram com tanta freqüência. Sócrates, Platão, Ésquines, Cícero, Plutarco, Luciano representam-nos a conversação de seu tempo entre as personagens que põem em cena, que amiúde são bastante numerosas, como realmente geral, cada qual participando dela e contribuindo para ela.

Quando me levanto contra a conversação particular em substituição à conversação geral, é supondo uma reunião social limitada a certo número de pessoas, como dez ou doze, e em que dominem em número pessoas instruídas e espirituosas; pois, se o grupo é muito mais numeroso e menos bem composto, não se poderia reprovar aquele que encontra o meio de furtar-se ao tédio, achegando-se a um homem cuja língua ele entende e que possa entender a sua. Mas, na suposição que baseia meu raciocínio, digo que a sociedade inteira sempre perde muito ao deixar estabelecer-se tais *a parte*.

A conversação geral tem a vantagem de que, despertando e sustentando a atenção de todos os assistentes, ela tira de cada um deles uma contribuição para o dispêndio e para os prazeres em comum. Ela ajuda, facilita e torna mais fecundo o trabalho daquele que inicia a conversa. Freqüentemente aquele que está falando tem apenas uma idéia incompleta cujo desenvolvimento ele não seguiu, um princípio de que não tirou todas as conseqüências. Se a enuncia na reunião social, algum dos assistentes ficará impressionado com ela. Perceberá sua ligação com alguma de suas idéias; ele as aproximará. Essa aproximação incentiva por sua vez o primeiro inventor, que vê que há o que acrescentar aos seus primeiros pontos de vista; e, como cada qual contribui para aumentar esses primeiros fundos, logo eles se enriquecerão com a contribuição em comum. O que um outro disse é como que uma frase começada, à qual se acrescenta facilmente o final que ela deve ter, quando não se teria atinado sozinho nem com o começo, nem com o final.

A conversação é um gênero de empreendimento no qual o capital de um único particular é em geral muito pequeno para explorar utilmente os fundos. Na conversação geral, o capital fica mais considerável em razão do maior número de acionistas.

Deixando de lado a metáfora, vê-se que a conversação geral deve naturalmente difundir mais luzes sobre as questões nela ventiladas. Numa reunião social de dez ou doze pessoas, em quem supomos um certo grau de instrução, é difícil que não se encontrem várias que terão conhecimentos, algumas idéias específicas sobre o assunto de que se trata, e, por conseguinte, têm-se mais recursos para chegar à verdade. Mas essa possibilidade é muito menos favorável em cada uma das conversações particulares resultantes da divisão da sociedade em vários grupelhos.

A conversação particular é comumente acompanhada por uma injustiça que não é suficientemente notada, e que consiste, da parte daquele que a provoca, em retirar da sociedade um ou vários de seus atores que lhe fomentariam o entretenimento. Um homem assim, furtando-se pessoalmente à sociedade, bem pode dizer, quanto a ele, que nisso se atém a usar de sua liberdade natural; mas não pode alegar essa desculpa quando atrai à parte uma pessoa amável, engenhosa e alegre que contribuiria para o prazer de todos, e que a sociedade tem o direito de reclamar. Essa observação não parecerá fútil, se considerarmos que comumente é do homem mais divertido, mais interessante de uma roda que cada qual fica tentado a apoderar-se, e que não se dirigem a um enfadonho para ter com ele um *a parte*.

A conversação geral também tem, via de regra, o encanto de uma maior variedade, porque cada um traz à massa suas idéias particulares, sua maneira de ver um mesmo objeto, algumas vezes diferente daquela de todos os outros.

Na conversação geral, quem está falando tem uma espécie de auditório que o anima e o apóia, e que, ao mesmo tempo, faz com que preste mais atenção no que está dizendo; contém-no num tipo de exatidão; impede-o de divagar e de exagerar; obriga-o a pôr uma certa correção em seu estilo e uma certa ordem em suas idéias. Assim, uma conversação dessa espécie é a primeira e a melhor escola dos homens que estão dispostos a falar em público.

Ouvi com freqüência, na alta sociedade, chamar de liberdade esse direito de separar-se em vários grupos alheios uns aos outros na mesma sala. Tal direito é incontestável; tal liberdade deve ser sagrada. Muito bem; mas, tão logo a usufruímos, há que convir que já não há conversação.

Conclusão

Indicando os vícios principais da conversação, não creio dever dizer nada nem desses observadores malevolentes cujo silêncio é uma espionagem; sempre prontos a abusar covardemente da vantagem que as almas falsas e frias têm sobre a franqueza e a veracidade.

Nem desses ouvintes desdenhosos que, para não conceder levianamente sua admiração, recusam até a mais merecida aprovação.

Nem desses homens vãos que não se permitem contradizer, porque não toleram ser contraditos, e cuja paciência não é mais que um orgulho tímido.

Nem desses espíritos tacanhos cuja prudência só é ditada pelo sentimento da nulidade deles, e que, não tendo opinião alguma, se calam para aparentar esconder uma.

Nem, enfim, desses falsos sábios cujo caráter é uma total indiferença a qualquer bem e a qualquer verdade, e que depreciam, sob o nome de má cabeça, qualquer idéia forte e qualquer sentimento profundo.

Acabarei transcrevendo as reflexões que terminam o curto ensaio de Swift, do qual tirei, acima, algumas características, e que não me parecerão totalmente alheias às circunstâncias em que nos encontramos.

"Vê-se", diz o escritor inglês, "por esse pequeno número de observações, quão poucas vantagens retiramos da conversação, que poderia ser para nós um dos maiores, mais duradouros e mais inocentes prazeres da vida.

"É por termos menosprezado os prazeres da conversação que somos forçados a substituí-los pelas diversões frívolas e pequenas do jogo, das visitas, da mesa, dos adereços e mesmo da devassidão. Daí a corrupção dos dois sexos, e a perda das idéias verdadeiras do amor, da generosidade, da honra, de que zombam hoje, como de sentimentos afetados e pouco naturais.

"Essa decadência da conversação, e as conseqüências que ela acarretou para o nosso caráter, são devidas, em parte, ao costume estabelecido há algum tempo de dela excluir as mulheres... Daí uma familiaridade grosseira, que é tida como alegria e como uma liberdade inocente. Hábito perigoso em nossos climas do Norte, onde o pouco de polidez e de decência que temos se introduziu, por assim dizer, contra a inclinação natural que nos leva continuamente à barbárie, e mantém-se apenas artificialmente. Esse tom de sociedade era o dos escravos entre os romanos, como se pode ver em Plauto. Ele parece ter sido difundido entre nós por Cromwell, que se proporcionava esse divertimento em sua Corte, composta de homens da escória do povo. Ouvi contar nesse gênero anedotas curiosas, e talvez, relativamente à sua situação, e invertendo tudo, nisso sua conduta era racional. Como foi também de sua lavra um lance político, claro, de tornar ridículo o ponto de honra, numa época em que um dito equívoco ou picante era sempre seguido de um duelo.

"Olho a parte pacata do reinado de Carlos I como a época de nossa maior polidez; creio que ela é na França da mesma data, segundo o que lemos nos escritores daquele tempo, assim como segundo os relatos que ouvi, feitos por algumas pessoas que haviam vivido nas duas Cortes.

"A maneira de sustentar e de dirigir a conversação era então diferente da nossa. Várias mulheres que vemos celebradas pelos poetas daquele tempo realizavam saraus em suas casas, onde as pessoas mais espirituosas de ambos os sexos se reuniam à noite, discorrendo sobre algum assunto interessante que a ocasião fazia surgir; e, conquanto se possa lançar certo ridículo sobre as idéias sutis ou exageradas que ali se faziam do amor e da amizade, essas mesmas sutilezas tinham um fundo de razão e de utilidade para o exercício das faculdades do espírito e para o aperfeiçoamento dos sentimentos. É preciso um pouco de romanesco ao homem. É um sal que conserva e que realça a dignidade da natureza humana e a impede de degenerar até o vício e a brutalidade."

Uma parte das reflexões do autor inglês não nos é aplicável hoje. Em nosso país, a sociedade reúne os homens e as mulheres; mas, mesmo nisso talvez tenhamos ido além do objetivo, ao menos quanto aos interesses da conversação: se é difícil ter uma boa conversação com mais de dez ou doze pessoas, isso é mais difícil ainda, se nesse número há várias mulheres. Cada uma delas é naturalmente um centro ao redor do qual se reúnem alguns dos homens presentes, e logo temos três ou quatro grupelhos, em vez de um círculo.

Eu o direi com franqueza, jamais vi conversação habitualmente boa, senão quando uma dona de casa era, se não a única mulher, pelo menos uma espécie de centro da sociedade.

Disse, se não a única, porque encontrei muito boas conversações nas rodas em que se encontravam várias mulheres; mas é quando essas próprias mulheres eram instruídas, ou buscavam e amavam a instrução, disposição, há que admitir, pouco comum. Então pode-se usufruir todas as vantagens de que o escritor inglês sente saudades; e, sem se reunir como se fazia no palácio de Rambouillet, para discorrer sobre algum assunto interessante, ter, de fato, uma conversação agradável e interessante, e nela encontrar, como diz o autor inglês, um dos maiores, e certamente o mais inocente, o mais duradouro e o mais útil prazer da vida.

APÊNDICE

Sugestões para um ensaio sobre a conversação*

por JONATHAN SWIFT

Observei poucos temas tão evidentes que tenham sido tão raramente, ou, pelo menos, tão superficialmente analisados quanto este; e, realmente, conheço poucos tão difíceis de tratar como se deveria, e sobre os quais haja tanto o que dizer.

Nosso espírito ou nossa loucura são tão refinados que a maior parte das coisas que os homens procuram para a felicidade da vida pública ou

---

* *Hints towards an Essay on Conversation*, cuja composição se supõe date do ano de 1710. É seguido, em 1712, por *A Proposal for Correcting, Improving and Ascertaining the English Tongue*. Swift já começou, em 1704, a trabalhar em *Polite Conversation*, que só será publicado em 1738. Na mesma ordem de preocupação, cumpre mencionar também *A Complete Collection of Genteel and Ingenious Conversation* e *A Modest Defence of Punning*.

privada quase só subsistem em idéias; um verdadeiro amigo, um casamento feliz, uma forma perfeita de governo, por exemplo, exigem tão grande número de ingredientes, e tão excelentes em sua diversidade, assim como tamanha habilidade em sua mistura, que há alguns milhares de anos os homens perderam as esperanças de atingir, mediante seus planos, a perfeição; mas, quanto à conversação, é, ou poderia ser, diferente; pois aqui nos basta evitar uma grande quantidade de erros, o que, embora não desprovido de dificuldade, permanece ao alcance de todos; mas também sem o quê a conversação, como tudo o mais, só existe no estado de idéia. É por isso que, parece-me, a maneira mais correta de abordar a conversação é tomar conhecimento das faltas e dos erros aos quais ela é sujeita, e sobre os quais, por conseguinte, todo homem pode formar para si máximas para a sua regularização; porque ela exige poucos talentos que a maior parte dos homens não possuem de nascença, ou que não possam adquirir com um talento medíocre ou pelo estudo. Pois a natureza concedeu a cada qual a capacidade de ser agradável em reunião mundana, mesmo que aí não brilhe, e há centenas de homens suficientemente qualificados para os dois, que, por causa de um número muito pequeno de faltas corrigíveis em uma meia hora, nem sequer são toleráveis.

Foi a pura indignação que me incentivou a escrever minhas reflexões sobre esse tema, o pensamento que um prazer tão útil e tão inocente, tão apropriado a qualquer período e a qualquer condição de vida, e de tal modo ao alcance de todos, seja tão negligenciado e mal empregado.

E, neste discurso, importará apontar tanto os erros evidentes quanto outros mais raramente observados, já que há uns poucos, por mais evidentes e reconhecidos que sejam, em que a maioria dos homens, mais dia menos dia, incorre.

Por exemplo: nada é em geral mais criticado do que a doidice de falar demais, contudo recordo-me de raramente ter visto cinco pessoas juntas, dentre as quais uma não era predominante nesse gênero, para o extremo constrangimento e o fastio total das outras. Mas, dentre aqueles propensos à profusão de palavras, nenhum é comparável ao conversador sóbrio e deliberado que procede com muita reflexão e prudência, expõe seu preâmbulo, diverge em mil digressões, descobre uma sugestão que lhe lembra uma outra história que ele promete contar-vos quando tiver acabado esta; retorna regularmente a seu assunto, não consegue no mesmo momento recordar-se do nome de alguém, pega a cabeça entre as mãos, queixa-se da memória; todos os presentes mantidos em suspenso enquanto isso. No final, diz: isso não tem importância, e continua da mesma forma. E, para coroar o todo, fica patente que a história já foi ouvida cinqüenta vezes pelos presentes; ou que se trata, na melhor das hipóteses, de uma insípida aventura do narrador.

Outra falta geral na conversação é a daqueles que fazem questão de falar de si mesmos; alguns vos pespegam, sem cerimônia, a história da vida deles; relatam os anais de suas doenças, com os pormenores de seus sintomas e de suas circunstâncias; enumeram as provações e as injustiças que sofreram na Corte, no Parlamento, em Amor ou no Tribunal. Outros são mais hábeis, e com grande arte espreitam o instante de provocar seu próprio elogio: chamam uma testemunha para que esta conte, como prova, suas recordações, sempre predisseram o que ia passar-se, mas ninguém acreditava neles; advertiram Fulano desde o começo, preveniram-no das conseqüências exatamente como elas sucederam; mas ele só quis guiar-se por sua cabeça. Outros põem sua vaidade em dizer seus erros; são as pessoas mais esquisitas do mundo; não podem dissimular, admitem que é uma doidice; ela os fez perder uma fartura de vantagens; mas, mesmo que lhes désseis o mundo, não poderiam impedir-se disso; há algo em sua natureza que abomina a insinceridade e o constrangimento; e outros insuportáveis *topos* do mesmo teor.

Cada homem tem uma importância tão colossal a seus próprios olhos, que está pronto para pensar que se dá o mesmo com os outros; sem que faça uma única vez esta reflexão simples e evidente, a saber: seus assuntos não podem ter mais peso para os outros do que os deles têm para ele; e quão pouco é, ele tem suficiente consciência disso.

Por ocasião de reuniões, observei freqüentemente duas pessoas descobrindo que, por acaso, tinham sido educadas juntas na mesma escola, ou na mesma universidade; depois disso, os outros participantes são condenados a calar-se, e a escutar, enquanto nossos dois heróis refrescam mutuamente a memória com os relatos de suas travessuras e peças que pregaram e as de seus colegas.

Conheço um célebre oficial do exército que tem o hábito de ficar um momento sentado, fechado num silêncio altivo e impaciente, cheio de cólera e de desprezo por aqueles que estão falando; de repente, já não se agüentando, pede para ser escutado, dirime a questão de uma maneira tão breve quanto dogmática; depois se retira de novo a si mesmo, resolvido a já não falar, até que seus espíritos o tragam de volta ao mesmo ponto.

Há certas faltas de conversação às quais ninguém é mais sujeito do que os homens espirituosos, e ainda mais quando estão juntos. Se abriram a boca sem se ter esforçado para dizer alguma coisa espirituosa, pensam que todas as palavras foram em vão; é um tormento para os ouvintes, como para eles próprios, vê-los aflitíssimos em busca de uma invenção e num constrangimento perpétuo, com tão pouco sucesso. Devem fazer algo de extraordinário, que os deixe quites com eles mesmos e esteja à altura de sua reputação; senão os ouvintes, desapontados, seriam capazes de não os considerar de modo diferente que o resto dos mortais. Conheci dois homens espirituosos, laboriosamente reunidos a fim de divertir a reunião: desempenharam um papel ridículo, e fizeram que rissem à própria custa deles.

Conheço um homem espirituoso que só fica à vontade nos lugares onde pode ditar a lei e presidir; não espera nem ser instruído nem que o divirtam, mas só procura exibir seus talentos. Importa-lhe é ser uma companhia divertida e não ter boa conversação; em conseqüência, escolhe conviver com aqueles que se satisfazem em escutar, e se declaram seus admiradores. E, de fato, a pior conversação de que me lembro ter um dia ouvido em minha vida era no *Will's Coffee House*, onde os homens eruditos (como eram chamados) outrora tinham o hábito de reunir-se; isto quer dizer que, cinco ou seis indivíduos, que haviam escrito peças de teatro, ou ao menos prólogos, ou contribuído para alguma coletânea, iam lá e entretinham-se uns aos outros com suas frívolas composições, com um ar tão importante, como se tivessem sido os mais nobres esforços da natureza humana, ou como se o destino dos reinos dependesse deles; e eram habitualmente rodeados por uma humilde platéia de jovens estudantes, pilares das tabernas dos tribunais, ou das universidades, e que, numa respeitosa distância, escutavam aqueles oráculos, e voltavam para casa com um grande desprezo pelo Direito e pela

Filosofia, com a cabeça entulhada das cretinices que lhes haviam recitado sob o nome de Polidez, de Crítica e de Belas-Letras.

Assim é que nos anos passados os poetas eram todos eles achacados de pedantismo. Pois, tal como a tomo, a palavra, em geral, não é corretamente utilizada; porque o pedantismo é a intrusão freqüente demais e fora de propósito de nossos conhecimentos na conversação corrente, e a superestimação deles. De acordo com essa definição, os homens da Corte ou do exército podem ser tão culpados de pedantismo quanto o filósofo ou o homem de Deus; e é o mesmo vício nas mulheres, quando são inesgotáveis a respeito de suas saias, de seus leques ou de sua porcelana; por essa razão, se bem que seja um sinal de prudência, tanto quanto de boas maneiras, orientar as pessoas para seus assuntos de predileção, essa é uma liberdade que um homem sensato se absterá de tomar; porque, além da imputação de pedantismo, assim ele não terá a menor possibilidade de fazer progressos.

A esta grande cidade não faltam jogadores, mímicos ou bufões, que geralmente são recebidos nas boas mesas; familiares com as pessoas de primeira qualidade e próximos delas, manda-se chamá-los para divertir a reunião social; contra isso não tenho objeção. Vamos lá como a uma farsa ou a um espetáculo de marionetes; importa-nos somente rir oportunamente, por vontade ou civilidade, enquanto esse alegre bando se oferece em espetáculo. É um ofício que exercem, e cumpre supor que são pagos para essa jornada de trabalho. Só tenho o que criticar quando, nas reuniões seletas e privadas, a que homens de espírito e de saber são convidados para passar uma noitada, é necessário que se exibam bufões que deixam todos os presentes incapazes da menor conversação, além da indignidade que consiste em bloquear tão rapidamente e sem escrúpulos pessoas de talento.

O gracejo é a mais bela parte da conversação; mas, segundo o nosso costume de falsificar e alterar tudo o que nos é caro, assim agimos com o gracejo, e o mudamos no que é geralmente chamado ter resposta pronta, ou bancar o malicioso; exatamente como, quando chega uma moda cara, aqueles que não têm os meios de segui-la contentam-se com uma pobre imitação. Agora passa por gracejo esmagar um homem com as palavras, fazê-lo perder a compostura e ridicularizá-lo, por vezes expor os defeitos de sua pessoa, ou de sua inteligência; em todos esses casos ele é obrigado a não se zangar, para evitar a imputação de não compreender a brincadeira. É admirável observar alguém que é hábil nessa arte visar a um adversário fraco, e pôr os risos de seu lado. Os franceses, de quem copiamos a palavra, têm uma idéia totalmente diferente da coisa, como a tínhamos na época mais polida de nossos pais. O gracejo consistia em dizer algo que parecesse primeiro ser uma crítica, ou uma reflexão; mas que, mediante um lance espirituoso inesperado e surpreendente, acabava sempre em cumprimento, e vantajoso para a pessoa a quem era dirigido. E, seguramente, uma das melhores regras da conversação é jamais dizer uma coisa a cujo propósito alguém do grupo possa pensar, com razão, que teria sido preferível não a dizer. Não pode haver nada mais contrário às finalidades pelas quais as pessoas se reúnem do que ir embora insatisfeito uns com os outros ou consigo mesmo.

Há duas faltas na conversação que parecem muito diferentes mas vêm, porém, da mesma raiz e são igualmente censuráveis; penso na impaciência de interromper os outros e na irritação de sê-lo por sua vez. As duas metas principais da conversação são divertir e tornar melhores aqueles com quem estamos, ou usufruirmos nós mesmos esses dois proveitos. O que, seja qual for o ponto de vista considerado, não combina bem com nenhum desses dois erros; porque, quando um homem toma a palavra numa reunião social, é de supor que seja no interesse de seus interlocutores, e não no seu; de sorte que a mais elementar discrição nos ensina a não lhes forçar a atenção, se eles não nos querem concedê-la; nem, por outro lado, a interromper aquele que está falando, pois essa é a maneira mais grosseira de dar a preferência a nosso próprio bom senso.

Pessoas há cujas boas maneiras lhes proíbem interromper-vos; mas que (e é quase tão incômodo quanto) demonstram ostensivamente sua impaciência e vigiam sem parar o relógio até que tenhais acabado, porque começaram alguma coisa em suas cabeças, de que estão ansiosos de desvencilhar-se. Entrementes, não prestam nenhuma atenção ao que se passa e suas imaginações estão inteiramente voltadas para o que têm reservado, de medo que isso lhes escape da memória; assim, limitam sua invenção, que poderia, de outro modo, fazê-los encontrar uma centena de coisas boas da mesma forma, e que entrariam muito mais naturalmente na conversação.

Há uma espécie de rude familiaridade que certas pessoas, de tanto praticá-la com seus íntimos, introduziram em sua conversação geral; desejariam fazê-la passar por liberdade inocente, humor – o que é uma experiência perigosa em nosso clima nórdico, onde o pouco de cerimônia e polidez de que dispomos é inteiramente imposto pela arte, e pode muito depressa recair na barbárie. Isso, entre os romanos, era o gracejo dos escravos, do qual temos numerosos exemplos em Plauto. Foi Cromwell, ao que parece, que o introduziu entre nós, o qual, por sua preferência pela escória do povo, o transformou num divertimento de Corte, do qual me foram relatadas numerosas particularidades; e, considerando que tudo estava de pernas para o ar, isso era razoável e judicioso; como foi também uma estratégia bem pensada ridicularizar o ponto de honra, num tempo em que, entre fidalgos, o menor dito descabido acarretava um duelo.

Pessoas há que são excelentes narradoras, providas de um rico acervo de histórias, que podem, conforme a ocasião, contá-las em todas as reuniões sociais; e, se consideramos o triste nível de nossas conversações atuais, esse não é, afinal de contas, um talento que se despreze; no entanto, está sujeito a dois defeitos inevitáveis; a repetição freqüente e o esgotamento precoce; de sorte que qualquer um que aprecie esse dom por ele mesmo necessita de uma boa memória, e deve regularmente mudar de companhia, a fim de que não se descubra a fraqueza de seus fundos; pois aqueles que são assim dotados raramente têm outras rendas, mas vivem de seu capital.

Os grandes oradores públicos raramente são agradáveis na vida privada, seja essa faculdade natural ou adquirida e em geral arriscada. A elocução natural, embora isso pareça um paradoxo, o mais das vezes jorra de uma esterilidade de invenção e de palavras, em conseqüência do quê os homens que têm somente um sortimento de noções sobre cada assunto, e um número limitado de frases para expressá-las, tratam por alto o assunto e ostentam bazófia em toda ocasião; é por isso que os homens de um grande saber, e que dominam toda a riqueza da língua, são geralmente os piores improvisadores, até que muita prática os tenha acostumado e encorajado. Com efeito, eles ficam desconcertados com uma abundância de matéria, com uma variedade de noções e de palavras, entre as quais não podem escolher rapidamente, ficam perplexos e enredados por uma escolha grande demais; o que não é uma desvantagem em conversação privada; ao passo que, do outro lado, o talento do arengador é, de todos, o mais insuportável.

Nada estragou mais os homens para a conversação do que querer ser espirituosos a qualquer preço, razão pela qual jamais deixam de incentivar numerosos discípulos e admiradores, que se põem a serviço deles, e cada qual tira proveito disso, pela satisfação mútua de sua vaidade. Isso deu aos primeiros esse ar de superioridade, e tornou os segundos tão pragmáticos, que nenhum dos dois grupos é freqüentável. Não menciono aqui o prurido de sempre disputar e contradizer, o gosto pela mentira, ou o caso daqueles que são perturbados pela moléstia a que chamam o desvario do pensamento, motivo por que jamais estão com o espírito presente no que se passa no discurso; pois qualquer um que é vítima de uma dessas possessões é tão impróprio para a conversação quanto um louco interno em Bedlam.

Creio ter percorrido a maioria dos erros de conversação, que observei ou de que me lembre, com exceção daqueles que são puramente pessoais, e de outros grosseiros demais para serem denunciados, tais como a conversação obscena ou ímpia; mas dediquei-me somente a tratar dos erros de conversação em geral, e não dos múltiplos temas de discurso, o que seria infinito. Vemos assim como a natureza humana é degradada sobretudo pelo abuso dessa faculdade que, por excelência, deveria permitir distinguir os homens dos brutos; e quão poucas vantagens tiramos daquilo que poderia ser o maior, o mais duradouro, o mais inocente, assim como o mais útil prazer da vida; por cuja falta somos forçados a entregar-nos a tão pobres divertimentos quanto os adereços ou a mundanalidade, ou mais perniciosos, tais como o jogo, o álcool e amores viciosos, em toda parte em que a dignidade e a nobreza dos dois sexos estão inteiramente corrompidas tanto no corpo como no espírito, e em que se perdeu toda noção de amor, de honra, de amizade, de generosidade – valores que, sob o nome de fatuidade, desde há muito ridicularizamos.

Essa degeneração da conversação, com as conseqüências perniciosas que acarreta para os nossos humores e nossas disposições, é devida, entre outras causas, ao costume, que se instaurou há alguns anos, de excluir as mulheres de qualquer forma de participação, afora das reuniões em que se vai para jogar, dançar, ou perseguir o amor. Considero a mais alta época da polidez na Inglaterra (e são as mesmas datas na França) os anos de paz do reinado de Carlos I; e, segundo o que li daquele tempo, tanto quanto segundo os relatos que me foram feitos por pessoas que haviam vivido nessa Corte, os métodos então em uso para aperfeiçoar e cultivar a conversação eram inteiramente diferentes dos nossos: várias damas, que encontramos celebradas pelos poetas daquela época, organizavam reuniões em suas casas, onde pessoas da melhor qualidade, e dos dois sexos, reuniam-se para uma noitada de conversa sobre todo assunto agradável lançado na ocasião; e, embora possamos ridicularizar os sublimes conceitos platônicos que eles tinham, em amor, ou em amizade, considero que seus refinamentos eram fundamentados na razão, e que um pequeno grão de romanesco não é um mau ingrediente para preservar e exaltar a dignidade da natureza humana, sem o quê esta é capaz de degenerar em algo sórdido, vicioso e baixo. Se não houvesse outro uso da conversação das damas, basta para justificá-la que ela restringe essa odiosa imodéstia e essa indecência, nas quais a grosseria de nossa índole nórdica tem tendência para cair. E é por isso que observamos que esses mundanos, tão vivos e tão hábeis quando se trata de divertir uma mulher leviana no *Park* ou no teatro, ficam silenciosos, desconcertados e fora de seu elemento, na companhia das mulheres virtuosas e honradas.

Pessoas há que pensam que pagam a sua quota-parte, e divertem o grupo relatando fatos inconseqüentes, que em nada diferem desses incidentes banais que acontecem todos os dias; isso, entre qualquer outra nação, observei-o com mais freqüência entre os escoceses, que são muito atentos a não omitir as mais ínfimas circunstâncias de tempo ou lugar; esse tipo de discurso, se não fosse um pouco realçado pelo caráter bruto dos termos e das frases, e pela gestualidade e o acento específicos a esse país, seria dificilmente tolerável. Não é uma falta falar muito numa reunião social; mas continuar por muito tempo é por certo uma: pois, se a maioria das pessoas reunidas for naturalmente silenciosa ou prudente, a conversação perderá a animação, a menos que seja amiúde reanimada por uma delas, que pode lançar novos assuntos, desde que não se torne pesada, mas deixe lugar para perguntas e respostas.

*(Traduzido para o francês
por Chantal Thomas)*

Índice

Prefácio: Do salão ao sabá — V

Sobre a conversação — 1

Sugestões para um ensaio sobre a conversação — 77

IMPRESSÃO E ACABAMENTO:
YANGRAF Fone/Fax: 6198.1788